别和叛逆期
孩子较劲

聂秀清　罗清军◎编著

内 容 提 要

从幼儿园到小学，孩子经历了人生中的第一次择校，同时也经历了人生中的第一个重大转折。他们要学会适应幼升小，也要激励自己在漫长的人生道路上，坚持学习，坚持成长。

本书以幼儿园与小学的不同作为出发点，结合孩子在一、二年级出现的各种不适应表现，从而有的放矢地告诉父母怎样做才能帮助孩子顺利过渡，怎样做才能激励孩子对学习充满信心，怎样做才能陪伴孩子不断成长，持续进步。

图书在版编目（CIP）数据

别和叛逆期孩子较劲 / 聂秀清，罗清军编著. --北京：中国纺织出版社有限公司，2019.11
ISBN 978-7-5180-6347-5

Ⅰ.①别… Ⅱ.①聂… ①罗… Ⅲ.①儿童教育—家庭教育 Ⅳ.①G782

中国版本图书馆CIP数据核字（2019）第126652号

责任编辑：江　飞　　特约编辑：王佳新
责任校对：楼旭红　　责任印制：储志伟

中国纺织出版社有限公司出版发行
地址：北京市朝阳区百子湾东里A407号楼　邮政编码：100124
销售电话：010-67004422　传真：010-87155801
http://www.c-textilep.com
中国纺织出版社天猫旗舰店
官方微博http://weibo.com/2119887771
三河市宏盛印务有限公司印刷　各地新华书店经销
2019年11月第1版第1次印刷
开本：700×1000　1/16　印张：13
字数：153千字　定价：39.80元

凡购本书，如有缺页、倒页、脱页，由本社图书营销中心调换

前言

曾经听话懂事的孩子，现在就像变了个人，总是父母说东，他偏往西，怎么办？曾经和妈妈亲近无间的女儿，现在和妈妈就像仇人一样，总是对妈妈怒目相视，怎么办？曾经不知道钱为何物的孩子，自从上了初中对钱的欲望越来越强，总是对父母索求无度，怎么办？孩子早恋了，变得爱穿漂亮衣服、爱打扮，还总是神秘兮兮地接电话，怎么办……这么多的怎么办，困扰着叛逆期孩子的父母，让他们感到焦虑不安、心神不宁。尤其是很多父母结婚生子的时候年纪就很大了，现在孩子进入青春期和叛逆期，他们已经到更年期，当青春期撞上更年期，又该怎么办？

母亲十月怀胎，辛辛苦苦地生下孩子，拼尽全力抚养孩子长大，但是却发现变成半大小子的孩子，只会与父母作对，根本不会体谅父母的辛苦，为此他们伤心绝望，恨不得把孩子重新塞回肚子里，再也不用面对难缠的孩子。然而，这个世界上是没有后悔药卖的，很多话说了就如同泼出去的水，无法收回，很多事情做了就变成历史，再也不能更改。为此，不管孩子是善解人意，还是故意与父母拧着干，父母都只能接受，而不要抱怨。

每个孩子都要从新生儿变成婴儿，再到幼儿，再到儿童，然后进入青少年阶段，也就是所谓的青春期和叛逆期。也有人说青春叛逆期是孩子从未成年到成年的过渡时期，在这个阶段，孩子的身心都处于快速发展变化之中，生命迸发出巨大的能量。然而，在陪伴孩子成长的时候，父母也无形中要承担更多，那就是和孩子一起面对各种复杂的猝不及防出现的问题，以缓解孩子和自身的焦虑。

父母必须意识到，孩子在青春期出现的很多问题，其实都是正常现象，都是符合孩子身心发展规律的。也有人说，父母是孩子的第一任老师，孩子是父母的镜子。试问每一位父母：当你发现镜子里的自己蓬头垢面、青面獠牙的时候，你是抱怨镜子不好，还是当即去把自己的脸洗干净，把头发梳理整齐呢？你当然会选择后者。这才是明智而又正确的举动。孩子出问题，就是镜子里的我们自己出现问题，明智的父母不仅从孩子身上找原因，更是首先从自己身上找原因。归根结底，孩子不是生而顽劣，也不可能生而优秀。当我们羡慕别人家的孩子品学兼优，当我们嫉妒别人家的孩子出类拔萃，不如反思自己为何不能教养出那样的孩子。当然，对于孩子的学习还要怀着理性的态度，毕竟学习的最终结果不仅取决于是否勤奋，还在一定程度上受到天赋的影响。所以父母要客观认知孩子的优缺点，尽量发掘孩子身上的闪光点，也要理性接纳孩子的一切行为表现，以平静的心态给予孩子积极正向的引导。

父母必须知道，孩子不是生活在真空里，也要知道，父母不管多么爱孩子，都不可能永远照顾孩子。与其用溺爱害了孩子，让孩子离开父母的照顾就无法生存下去，不如未雨绸缪，提前为孩子的独立生活做准备，有意识地培养和提升孩子的生存能力，这才是真正对孩子负责任的态度。

总而言之，对于叛逆期孩子，父母也许一语不慎就会与孩子产生各种矛盾，唯有深入了解孩子的心理和情绪状态，父母才能有的放矢，给予孩子最好的引导和情绪疏导，也与孩子建立良好的关系，增进亲子感情。

编者著

2018年12月

目 录

第1章 孩子的叛逆期——正是家长的考验期 ◎ 001

了解孩子，才能教育孩子 ◎ 002

尊重孩子，平等对待孩子 ◎ 004

成为孩子的良师益友 ◎ 007

关注孩子的内心是否孤独 ◎ 009

引导孩子成为情绪的主宰 ◎ 011

陪伴是给孩子的最好礼物 ◎ 014

第2章 叛逆期的逆反心理——孩子对这个世界有了自己的想法 ◎ 017

不要成为被半大小子气死的老子 ◎ 018

孩子为何总是离家出走 ◎ 021

严格管教可能导致孩子更叛逆 ◎ 024

别让孩子关闭心门 ◎ 026

恩威并施对待任性孩子 ◎ 029

第3章 接纳孩子的情绪变化——用理解和包容对待孩子 ◎ 033

五月的天，孩子的脸 ◎ 034

接纳孩子的情绪 ◎ 035

不要因为孩子情绪化就迁怒于孩子 ◎ 038

不要让孩子产生罪恶感 ◎ 041

父母情绪稳定，孩子才能情绪稳定 ◎ 043

让孩子学会控制情绪 ◎ 046

不要总是催促孩子 ◎ 048

第4章 主动倾听孩子——沟通永远是叛逆期教育的第一步 ◎ 051

唠叨和责备，都是教育的误区 ◎ 052

父母会说话，孩子更爱听 ◎ 055

掌握批评孩子的艺术 ◎ 058

表扬要有技巧，才能事半功倍 ◎ 061

沟通的方式有很多种 ◎ 063

第5章 帮助孩子战胜自卑——多鼓励、多赞扬让孩子自信启航 ◎ 067

父母不攀比，孩子有信心 ◎ 068

多以肯定的语气与孩子沟通 ◎ 070

多多发掘孩子的闪光点 ◎ 072

全力以赴，帮助孩子建立自信 ◎ 075

良好的家庭环境，是孩子成长的沃土 ◎ 077

错误是孩子进步的阶梯 ◎ 080

尊重孩子的主见 ◎ 082

第6章 关注孩子的愤怒情绪——绝没有无缘无故的脾气 ◎ 087

当孩子哭闹不止，在地上打滚怎么办 ◎ 088

愤怒让孩子受到深深的伤害 ◎ 091

避免导致孩子愤怒的事件发生 ◎ 094

当孩子愤怒，父母切勿歇斯底里 ◎ 097

转移注意力，让孩子恢复平静 ◎ 100

让孩子知道生气的严重后果 ◎ 102

第7章 让孩子远离忧郁情绪——多带给孩子一些正能量 ◎ 105

父母阳光，孩子才能阳光 ◎ 106

强势的妈妈，忧郁的孩子 ◎ 108

"听话"的孩子心思太沉重 ◎ 112

孩子好强，很容易抑郁 ◎ 115

11岁前，孩子理应无忧无虑 ◎ 118

爱运动的孩子性格更开朗 ◎ 121

第8章　小心应对孩子的焦虑——叛逆期的孩子更需要安全感　◎ 125

父母不焦虑，孩子才有好情绪　◎ 126

平常心对待孩子的考试　◎ 128

让孩子感受到父母的爱　◎ 130

别对孩子怀有过高的期望　◎ 135

父母关系紧张，孩子是最大受害者　◎ 137

孩子为何患上"恋物癖"　◎ 140

第9章　保护孩子的自尊心——孩子失了面子更易逆反　◎ 145

孩子为何总是爱哭鼻子　◎ 146

孩子不愿意见到陌生人　◎ 149

单亲家庭孩子心中的阴云　◎ 152

女孩爱美是正常的心态　◎ 154

让孩子知道人生总有输赢　◎ 157

第10章　积极了解和引导——帮助孩子解决青春期的烦恼　◎ 161

父母引导不当，青春期问题频现　◎ 162

如何对待已经早恋的孩子　◎ 164

孩子为何很容易学坏呢　◎ 169

帮助孩子建立金钱意识　◎ 171

父母不能羞于说出口的"性教育"　◎ 175

第11章　做好脾气的父母——不和叛逆期的孩子较劲　◎ 179

民主和谐，是孩子最好的成长环境　◎ 180

适时对孩子放手　◎ 182

孩子有权利知道很多事情　◎ 185

言传身教，给孩子树立好榜样　◎ 188

多陪伴孩子，不要忽略孩子的成长　◎ 190

一声"对不起"，就可以打开孩子的心结　◎ 193

参考文献　◎ 198

第1章

孩子的叛逆期——正是家长的考验期

　　对于青春期的孩子，很多父母都充满了无奈，原本熟悉的孩子，现在就像雾里看花一样再也捉摸不透。这一切，都是叛逆期闹的。实际上，孩子的叛逆期并没有我们想象中那么可怕，只要能够尊重、平等地对待孩子，打开孩子的心扉，父母就能与叛逆期的孩子好好相处，也能顺利陪伴孩子走过叛逆期。

了解孩子，才能教育孩子

很多父母都抱怨看着青春期的孩子就像雾里看花一样不真切，也很陌生，甚至觉得青春期的世界就像雷区一样让人望而生畏。现实情况却是，孩子处于青春期，处于叛逆期，他们的内心也是非常焦虑不安且孤独忐忑的。假如父母能够深入了解孩子，知道孩子的孤独和苦闷，从而走入孩子的内心，用心陪伴和引导孩子，那么父母就能够成功地教育孩子。当然，青春期的孩子内心非常敏感，自尊心强烈，叛逆心很强，也不是那么容易接近的。因而父母必须讲究方式方法，先想方设法深入了解孩子，才能有的放矢、从容不迫地引导和教育孩子。

遗憾的是，当孩子进入青春期和叛逆期，当父母发现原本听话懂事的孩子在一夜之间变得叛逆，他们往往情绪激动，甚至歇斯底里，不了解孩子为何会有这样巨大的转变。每一位父母都要意识到，孩子进入青春期，父母必须保持情绪的平静和思想上的理性，这样才能更多地了解孩子，更少地误解孩子，也才能帮助孩子拥有好情绪，也让孩子对父母更加信任。对于青春期孩子而言，他们冲动任性，唯有信任父母，在遇到问题的时候及时向父母求助，才能最大限度打开心扉，解决难题。

著名的教育专家孙云晓曾经负责主编《少年儿童研究》杂志，对于儿童和青少年的心理颇有研究。他曾经说过，只有尊重孩子才能了解孩子，只有了解孩子才能教育孩子。由此可见，父母要想打开孩子心扉，要想更加深入了解孩子，就一定要认真用心地观察孩子，也通过各个方面深入了解孩子。有些父母只关心孩子的吃喝拉撒，而忽略了孩子的精神需求和情感需求，有些父母始终盯着孩子的学习成绩，而忽略了除学习之外，孩子的成长还需要诸多方面因素的配合。总而言之，作为父母，我们必须全方位关注和照顾孩子，才能保证孩子身心健康地成长。

首先，父母要了解孩子的身体健康和发育状况。孩子正处于长身体的关键时期，父母要及时带着孩子进行体检，也要为孩子制定健康食谱。不管孩子是过于好动还是过于安静沉默，父母都要及时觉察，从而带着孩子去医院里的相关诊室进行治疗。

其次，父母要更加用心地了解孩子的智力发育情况。和身体的发育情况显而易见相比，孩子的智力发育情况往往是相对隐蔽的，智力包含的因素很多，诸如理解能力、记忆能力、判断能力、思维能力、创造能力、解决问题能力等，都属于智力的范畴。父母在对孩子的智力发育情况进行观察和判断时，要综合这些方面的情况进行考量，如果片面地断言孩子是天才或者是蠢材，这都是不负责任的。此外，父母还要知道，孩子在特定的年龄段智力发育很快，这就是智力发育的黄金时期，父母一定要抓住这些关键时期开发孩子的智力，从而大力促进孩子的智力发育。

再次，父母要关注孩子的心理健康问题。现代社会生存压力很大，不仅成人要承担职场上激烈的竞争和巨大的压力，孩子也要承担学业的重负。尤其是很多父母为了让孩子不输在起跑线上，总是不断地给孩子增加学习负担。长此以往，原本应该无忧无虑的孩子在童年生活中总是阴云密布，也总是感到非常吃力。在这种长期负重的情况下，孩子的心理问题频繁发生，小学生、初中生跳楼自杀的事件屡见不鲜，这都要为整个社会所关注，作为父母更是要加倍关心孩子的心理健康，从而避免孩子因为心理问题而导致人生误入歧途。

最后，父母要有意识地培养孩子的兴趣爱好，当发现孩子在某个方面有特殊天赋时，也要对孩子大力支持。所谓的兴趣爱好，并非是父母强制孩子一定要掌握的某项技能，而是父母要尊重和顺应孩子的天性，根据孩子的选择去培养孩子。即使某个兴趣爱好并不能让孩子在学习或者生活中真正获益，但能让孩子从中得到乐趣，甚至让孩子在感受到压力山大的时候，可以找到消遣的途径和方法。这样一来，孩子就会在精神上和感情上有所寄托，对于孩子一生的幸福与充实，都有很重要的作用。

总而言之，孩子绝不是父母的附属品，父母尽管生养了孩子，也未必完全了解孩子。作为父母，一定要本着尊重孩子的原则，深入了解孩子的内心，真正做到平等对待孩子。记住，唯有了解孩子，父母才能更好地引导和教育孩子。

尊重孩子，平等对待孩子

很多父母都认为叛逆期的孩子是完全不可理喻的，甚至对孩子产生放逐的心态，不愿意再费尽心思地试图与孩子进行交流和沟通。实际上，每个孩子都是好孩子，都渴望得到父母的尊重和平等对待。试问，有谁不愿意与他人之间进行良好的沟通，而只愿意与他人对着干呢？实际上，世界上没有不好沟通、不好相处的孩子，只有懒于动脑、不愿意用心研究和对待孩子的父母。

当孩子进入叛逆期，孩子内心的世界原本就风雨飘摇。尤其是对于青春期孩子而言，由于荷尔蒙的分泌，导致他们容易冲动、易怒，但是这并不意味着他们的本性不好。越是孩子对于外界草木皆兵，父母作为孩子最亲近和值得信赖的人，更要想方设法走入孩子的内心世界，才能真正深入了解孩子，透彻洞察孩子，也才能理解孩子的行为表现，与孩子进行切实有效、事半功倍的沟通。否则，孩子的青春期和叛逆期问题一起袭来，必然会导致亲子关系紧张，甚至还会影响家庭生活。由此可见，父母与孩子的相处是否融洽，父母是否能够尊重和平等对待孩子，在家庭生活中至关重要。

乐乐已经12岁，正式进入青春期。在一段时间里，妈妈觉得非常懊恼，因为原本和她亲密无间的孩子突然之间变成了她的仇敌，总是与她对着干，无论如何也不让她顺心如意。一开始，妈妈不知道乐乐进入青春期，所以总是和以前一样强迫乐乐按照她说的去做，直到有一次，乐乐情绪激烈地反抗，而且险些做出极端的举动，妈妈才痛定思痛，意识到不能再用以前的方式对待乐乐。妈妈当即调整思路，决定要尊重乐乐，平等对待乐乐。因为妈妈发现，当他们把乐乐当成小孩子对待和要求的时候，乐乐是最难缠的，总是与他们的想法背道而驰。

有一天，乐乐学校里要报名上兴趣班，妈妈第一反应就是让乐乐参加书法班和作文班，然而，就在话刚要脱口而出的时候，妈妈想起乐乐进入叛逆期，当即改变思路，问乐乐："乐乐，你想参加什么兴趣班呢？"听到妈妈这么问，乐乐很高兴，因为他原本就想自己做主报名参加兴趣班，只是担心妈妈不同意而已。为此，乐乐小心翼翼回答："我想参加打水鼓，还有小机器人。"妈妈虽然不赞同乐乐报名参加这两个兴趣班，也庆幸自己没有自作主张给乐乐报班。思来想去，妈妈决定尊重乐乐的意见，乐乐如愿以偿报名参加了打水鼓和小机器人。当妈妈问起乐乐为何选择这两个兴趣班时，平日里总是与爸爸妈妈无话可说的乐乐有了谈兴，对着妈妈滔滔不绝说了很久。看着眉飞色舞的乐乐，妈妈不由自主地安慰自己："幸好没有强迫乐乐选择其他兴趣班，他都有很久没有这样对我倾诉了。"

就是因为妈妈的尊重和平等对待，才激发起乐乐的谈兴，让原本把不被理解的自己关起来的乐乐，兴致勃勃地向妈妈倾诉自己的内心。实际上，这是难得可贵的，比上兴趣班更加重要。沟通是人际关系相处的桥梁，父母唯有顺畅地与孩子沟通，才能最大限度地了解孩子，才能真正引导和教育孩子。如果孩子对父母关闭心扉，让父母无从了解他们，父母就什么都做不了。

为了更加深入了解孩子，除了观察孩子的行为，倾听孩子的表达之外，父母还应该多多关注孩子的朋友。朋友是孩子的镜子，有什么样的朋友，往往代表着孩子就是什么样的人。此外，父母还可以和孩子一起参加活动，进行郊外徒步，或者是与孩子一起参加竞技类项目等，这些都是了解孩子的好方法。总而言之，父母要想成为孩子成长的引导者，肩负起教育孩子的重任，就要首先成为孩子的陪伴者，走入孩子的内心。记住，唯有尊重和平等对待孩子，父母才能真正打开孩子的心扉，也成为孩子最值得信赖的人。

成为孩子的良师益友

在漫长的人生之中，每个人都会遇到很多老师，也会结识很多朋友。而对于每一个呱呱坠地的新生命而言，他们的第一位老师就是父母。面对如同白纸一般的新生命，父母不但要承担起照顾他们的重任，也要成为他们的老师，成为他们的朋友，甚至是玩伴。每一位父母都知道，在孩子小的时候，必须全身心投入照顾和陪伴孩子，才能保证孩子健康快乐地成长。有人说父母爱孩子是本能，的确如此，因为连母鸡都会爱小鸡，但是父母对孩子的爱又不能仅仅局限于本能。

如何爱孩子，这是每个父母都要学习的。真正优秀的父母不但能照顾好孩子的吃喝拉撒，也会努力地陪伴孩子成长，走进孩子的心灵，充实孩子的感情。从这个角度而言，父母不仅是孩子的照顾者，更是孩子的陪伴者和老师。成为孩子的良师益友说起来很简单，但是真正想要做到这一点，却是难上加难。很多父母都困惑如何才能成为孩子的老师，如何和孩子交朋友，如何保证孩子健康快乐地成长。大多数父母为了维护尊严，在孩子面前总是摆出一副高高在上、好为人师的模样。殊不知，也许这样能够承担起作为老师的责任，但是却少了几分慈爱，更不能像对待朋友一样对待孩子。长此以往，孩子对于父母只有敬畏，而没有信任，更缺乏真诚的沟通。也许有些父母会说，当老师和当朋友完全就是相反的。其实未必，但是要想成为优秀的父母，恰恰是要把这两者合二为一，才能做到面面俱到。

作为父母，一定不要成为孩子奴，只知道一味地为孩子付出，而完全忽略了自己，即使爱孩子也要有度，这是很重要的。同时，父母爱孩子，也不要总是管教孩子，孩子的成长有其自身的规律，作为父母，要尊重孩子自身的规律，引导孩子成长，而不要强制改变孩子的成长规律。细心的父母会发现，古今中外，大多数有所成就的人，他们的父母都有一个共同点，即他们非常尊重孩子，也能够做到平等对待孩子。即使孩子在现实生活中出现各种问题，犯下各种错误，他们也可以心平气和地对待孩子，耐心地引导孩子。有的时候，他们还会成为孩子最好的伙伴，陪伴孩子一起成长。在这样的家庭氛围中，他们总是能够站在孩子的角度考虑问题，从孩子的角度出发，用心地与孩子交流探讨。渐渐地，他们与孩子之间的关系越来越亲近，孩子也更愿意信赖他们、尊重他们。

与过分注重权威的父母恰恰相反，有些父母把当孩子朋友的角色发挥到极致，总是与孩子没大没小，真正把自己变成孩子的玩伴，一切都以与孩子玩作为原则。在这种情况下，父母尽管陪伴了孩子，却没有有效地引导孩子，更无法给予孩子必需的教育。父母尽管要遵从孩子的天性，让孩子按照自身的节奏去成长，却不能完全放任孩子，更不能对孩子的发展无动于衷。实际上，父母对于孩子应该寓教于乐，在陪伴孩子玩耍的过程中抓住最佳时机，对孩子展开教育。唯有如此，孩子才会更快乐，也才能在玩的过程中学习到更多的知识。其实，不管父母对孩子的身份是老师，还是朋友，他们都是孩子在这个世界上最亲近和最信任的人。明智的父母知道，除了成为孩子的良师益友之外，父母还要以身作则，成为孩子最好的榜样，给予孩子最积极有力的力量。当父母，是每个人都要毕生从事的事业，每个父母都要用心、专注，同时发挥智慧的力量，才能真正有助于孩子成长。

关注孩子的内心是否孤独

在现代社会，很多父母都只关心孩子的学习，而完全忽略了孩子的成长，更是鲜有父母能够关注孩子的内心是否孤独。大多数父母都觉得孩子只要学习好，就一切都好。实际上，这样的想法恰恰是本末倒置，因为如果孩子只有学习好，而心理不够健康，内心孤独，则根本无法健康快乐地成长。所以作为父母固然要关心孩子的学习，更要关心孩子的身心健康，唯有把孩子置身于良好的成长环境中，引导孩子健康快乐地成长，才能让孩子有好的未来和人生。

对于青少年，人们常说少年不识愁滋味。实际上，孩子也有孩子的烦恼，很多父母之所以无视孩子的烦恼，或者觉得孩子理应没有任何烦恼，只是因为他们不了解孩子，也不关注孩子的内心。曾经有机构经过调查发现，有很多青春期孩子都非常孤独，还有少部分孩子觉得生活中根本没有人值得信赖，更有相当一部分孩子有离家出走的念头。看到这样的调查结果，作为父母一定会觉得很难过：我们辛辛苦苦供养孩子，孩子却这么不知足，还说自己没有得到关怀和照顾，这到底是为什么呢？的确，父母给了孩子无微不至的照顾，孩子为何还觉得自己孤独苦闷呢？这都是因为孩子进入青春期，心生叛逆导致的。青春期孩子的身体会发生巨大改变，因而会导致心理状态改变。他们原本非常信任父母，如今却因为叛逆和敏感，会厌烦父母的叮咛，觉得父母是在唠叨不休。对于曾经亲密无间的同学或者朋友，他们也不愿意再敞开心扉。在这种情况下，孩子必然越来越觉得孤独苦闷，有满腹心事，却根本不知道应该和谁说。不得不说，孤独感伴随着青春期到来，使很多青少年在人生之中面临困境，无法摆脱。在这个关键时期，父母一定要关注孩子的心理健康，及时给予孩子引导，才能帮助孩子健康快乐地成长。

从心理学的角度而言，很多青少年都会出现孤独感，这是因为他们随着不断的成长，觉得自己已经成长，因而迫不及待想要摆脱父母的照顾和管教，希望自己能够以独立的姿态面对父母，与父母平起平坐。其实，他们的实际能力并没有达到完全为自己负责的程度，因而常常会陷入被动的状态之中，导致内心渴望独立的心理与实际能力还有所欠缺、需要依靠父母的心理，二者产生巨大的矛盾。

此外，从社会的角度而言，每一个成人都要努力在职场上打拼，所以作为父母除了要照顾好孩子和家庭之外，还要兼顾繁重的工作，因而是紧张焦虑的。在长此以往的辛苦劳作中，父母很容易忽略孩子，也导致孩子受到冷落。此外，在偏僻的农村，还有很多父母在把孩子生下来之后，就交给老人负责照管，而他们则继续外出打工。不得不说，当孩子没有从父母那里得到足够的爱与关照，他们的精神需求和感情需求没有得到满足，就会变得很焦虑，内心冷漠，导致对待他人的时候，也会感情淡漠，从而使得人际关系紧张。尤其是在独生子女家庭，孩子从出生开始就没有兄弟姐妹，也没有人陪伴，因而往往习惯了孤独。尤其是在大城市，每户人家都生活在钢筋水泥的城市森林里，人与人之间的关系非常淡漠，孩子也常常被关在家里成长，与邻居都走在对面不相识。还有很多父母出于安全考虑，也不愿意孩子与其他人有过多的接触。这些复杂的因素综合起来，导致孩子变得越来越孤僻。

父母在照顾孩子的过程中，总是过多地关注孩子的身体和学习，而忽略了孩子的精神世界和感情需求。随着不断的成长，孩子的需求从吃喝拉撒到越来越多样化，作为父母，哪怕工作非常忙碌，也应该尽量多挤出一些时间来陪伴孩子，而不要总是对孩子颐指气使，生硬地下达命令，或者对孩子缺乏耐心，让孩子陷入孤独。对于孩子而言，精神上的养分比吃喝拉撒更加重要，只有感受到父母的爱，他们才会拥有安全感，只有得到父母的陪伴，他们才能更加健康快乐地成长。如今，很多孩子在性格方面有缺陷，就是因为得不到父母关爱导致的，还有些孩子患上抑郁症、自闭症，这是无论父母赚取多少钱都无法弥补的。所以明智的父母能够分得清楚轻重主次，也知道必须给予孩子更加全方位的照顾，才能保护孩子无忧成长。

引导孩子成为情绪的主宰

人是感情动物，难免情绪化。别说是年幼的孩子，就算是成人，在遇到特定的事情或者见到特别的人时，也无法随心所欲地控制自己的情绪。在进入青春期之后，孩子的情绪会更加复杂多变，敏感的心也让孩子在与父母相处的过程中，总是会出现各种争执、矛盾等，或者在与其他人相处时，也会遭遇各种困境。在这种情况下，父母要想帮助孩子有效改善情绪，建立良好的人际关系，就要能够引导孩子主宰情绪。很多时候，也许孩子前一刻还是阳光灿烂，下一刻就会变得暴雨倾盆，所以人们才说"五月的天，孩子的脸"，以此来形容孩子的情绪是很复杂和微妙的。

实际上，青春期的孩子原本就很冲动，也常常会因为各种各样的情绪陷入不稳定的状态之中。也许父母或者别人无法理解青春期孩子，实际上这正是青春期特定阶段的身心发展特点，是孩子处于青春期的本能反应。对于孩子的情绪多变，暴躁易怒，父母一定要保持镇定，不要随着孩子的情绪而起伏，否则就会导致自己的内心陷入更大的惶恐和愤怒之中。

有一段时间，乐乐明显就像变了一个人。有的时候，爸爸妈妈无意间说出去的话，就会令他很愤怒，甚至当即与爸爸妈妈翻脸。对于乐乐的表现，爸爸妈妈非常郁闷，甚至陷入苦恼之中。妈妈不止一次问爸爸："乐乐这是怎么了？小时候很乖巧懂事，现在却像是个火药桶。"

有一天送乐乐上学的路上，妈妈正在和乐乐聊天，以开玩笑的口吻说："你总是遇到一点事情就想放弃，以后一定要改了，不然怎么能长大呢？"听到妈妈这句话，乐乐马上歇斯底里地说："我就是笨蛋、傻瓜、废物，我就是长不大，你能怎么着吧！"妈妈原本是想缓和交谈的气氛，让乐乐更加正视自己，却没想到乐乐有这么大的反应，当即也很生气，与乐乐争吵起来。爸爸赶紧打圆场："好了，不要吵了。妈妈以后要改一改说话的方式，乐乐以后要控制好情绪，不要总是发脾气。"乐乐还气鼓鼓的，不愿意搭理爸爸妈妈。直到下午放学，爸爸和乐乐说起控制情绪的事情，乐乐才说："爸爸，我也不知道怎么回事，就是很想生气。"爸爸笑着抚摸乐乐的头，说："其实，这不怪你，都是青春期惹的祸。你现在正处于青春期，原本就容易情绪冲动。不过，人应该成为情绪的主宰，不能成为情绪的奴隶。你要学会控制情绪，才能掌控自己。"乐乐觉得爸爸说得很有道理，也因为爸爸心态平和，所以他也能控制住情绪，丝毫没有生气。

在这个事例中，乐乐之所以总是冲动地发脾气，不是因为他故意为之，而是因为他已经进入青春期，自尊心越来越重，内心也更加敏感，所以才会对别人无心的一句话就记在心上，甚至产生强烈的反应。那么，孩子一旦进入叛逆期,为何会突然之间就像变了一个人似的呢?这都是有原因可以追溯的。

首先,进入青春期,孩子的身体处于快速发育之中,尤其是荷尔蒙的大量分泌,使得很多孩子容易激动和兴奋。孩子就像是一个正在内部进行核裂变的原子弹一样,但是父母和老师未必能够允许他们发泄过剩的精力,所以孩子就会脾气见长。其次,青春期的孩子正处于学业压力最大的阶段,不管是在初中还是在高中,他们都压力山大,因而必然导致激烈的情绪反应。最后,随着不断的成长,孩子的心思越来越细腻,他们的心思也不再像小时候那么单纯,所以很容易有攀比心、虚荣心等。再加上孩子还不会像成人那样控制情绪,总是把一切的喜怒哀乐都表现在脸上,也为此他们的情绪反应就更加激烈。针对青春期孩子的各种叛逆表现,父母一定要很好地引导他们,才能帮助他们保持情绪的平静和理性,也给予他们更多的成长空间。

具体而言,父母要与孩子更多地沟通,用真心倾听孩子,也以真心打开孩子的心扉。当在生活中遇到各种难题的时候,还要有意识地培养孩子积极乐观的心态,让孩子养成知难而上的好习惯。尤其需要注意的是,很多父母因为不耐烦,总是压抑孩子的情绪,例如孩子想哭的时候,父母会禁止孩子哭泣,实际上这种做法是完全错误的。当不良情绪淤积在孩子心中,必然导致孩子变得更加不安和焦虑。父母唯有及时疏导孩子的情绪,让孩子积极主动地面对情绪,合理有效地发泄情绪,孩子才会有健康快乐的心境。退一步而言,即使真的遇到难以开解的事情,父母也要教会孩子承受。如今,大多数孩子都是独生子女,习惯了衣来伸手、饭开张口,根本不知道生活的疾苦。作为父母,要想让孩子拥有独立自主的能力,就要有意识地尽早培养孩子的独立生存能力，也让孩子具备一定的抵抗挫折的能力。所谓人生不如意十之八九，孩子的成长也不会是一帆风顺的。明智的父母不会过分宠溺孩子，而是让孩子成为苍鹰展翅翱翔，也让孩子扬起自信的风帆在人生的海洋上不断向前。

陪伴是给孩子的最好礼物

当被青春期的孩子闹腾，很多父母都采取逃避的态度，不愿意继续与孩子纠缠，希望孩子能够快快度过青春期。其实，这样的做法从本质上而言是错误的，因为越是当孩子处于青春期，感到迷惘和焦虑的时候，他们越是需要父母的陪伴，需要在父母的关心和照顾下不断地成长。如果父母选择在此刻对孩子放手，就相当于把孩子放在人生的十字路口，完全对孩子放任自流，孩子的未来将会如何，也就未可知了。

青春期对于孩子的人生而言是一个至关重要的阶段，在这个复杂的时期，孩子的内心必然充满矛盾，也会因为各种各样的原因而感到迷惘。父母要更加关注青春期的孩子，哪怕是雾里看花，也要努力去看清楚孩子真实的心理状态，从而才能让孩子更加健康快乐地成长。很多在青春期没有得到父母照顾和陪伴的孩子，轻则出现心理问题，重则患上严重的抑郁症、自闭症等。近年来，青春期孩子不堪学业重负或者人际交往压力而轻生的事情时有发生，这些孩子往往缺乏父母的陪伴和关照，导致内心苦闷，最终走上绝路。最可悲的是，当孩子已经选择不归路，作为父母却对孩子的心理状态浑然不知，还认为孩子一直都很正常，不得不说，这是作为父母的严重失职。其实，不仅对于青春期孩子而言，即使对于成人而言，抑郁症现在也成为严重的心理疾病，困扰着很多人。患有抑郁症的人求生欲望很弱，求死欲望却很强烈，而且他们常常因为悲观而面临人生的绝境，哪怕遇到小小的难题也有可能彻底难倒他们。作为父母，一定要及时观察和发现孩子的异常，从而有效地把孩子从抑郁的道路上拯救回来，也给予孩子更加理性的对待。

作为父母，绝不是照顾好孩子的吃喝拉撒就算尽到义务了，而更要关注孩子的内心世界，充实孩子的精神生活，顾及孩子的感情需求，从而满足孩子在成长的各个方面的需要。作为父母，一定不要让孩子在喧嚣的环境中孤独地成长，而应打开孩子的心扉，走入孩子的内心，真正成为孩子的陪伴者，与孩子一起欢笑或者哭泣，也与孩子一同成长。

2007年1月，天气还很寒冷，江西某个地方就发生了一起让世人震惊的悲剧。11个青少年相约集体自杀，其中有两个孩子因为抢救无效离开了人世。这些孩子中，最小的年仅13岁，是一名初中学生，最大的也只有17岁，是一名高中孩子。在大多数人眼中，这些孩子都是不务正业、不求上进的坏孩子。实际上，没有人知道他们在逃学去唱歌、喝酒的同时，内心有多么忧愁苦闷。幸存的孩子告诉人们，他们就是不知道如何才能学好，也不知道未来会怎么样，才观念一致，决定以跳河的方式结束生命。冰冷的河水夺走了两个孩子的生命，但是侥幸活着的孩子不应该继续沉沦下去。这起悲剧也留给世人无数的反思和拷问。

作为父母，如果不知道孩子心中的所思所想，而只是一味地照顾孩子的吃喝拉撒，不得不说，他们都是失败的父母，甚至连合格都算不上。真正合格的父母，对孩子的爱会更加理智，他们知道孩子的成长除了需要身体方面的养分之外，还需要精神和感情上的养分。而父母的爱与关注，就是孩子不可或缺的成长养分。

在孩子成长的过程中，父母一定要学会与孩子沟通，要能够真正打开孩子的心扉，与孩子进行心与心的交流和融通。否则，当孩子孤独地行走在这个世界上，渐渐地就会无助，也会感到绝望。除了多与孩子沟通，从正面了解孩子之外，父母还可以看看孩子喜欢读什么书，喜欢做什么事情，都和什么样的人交朋友，从而从多个方面深入了解孩子。为了培养孩子的家庭责任感，当家里有事情需要决断的时候，父母还要虚心征求孩子的意见，从而尊重和平等对待孩子。记住，当孩子处于青春叛逆期，他们的内心是充满力量的，生命力在孩子的身体里就像一头小鹿一样四处乱撞。因而，父母一定要以恰到好处的方式有效引导孩子，也及时帮助孩子走在正确的成长道路上。唯有如此，父母才能抓住孩子的成长关键期，给予孩子最好的引导和帮助。

第 2 章

叛逆期的逆反心理——孩子对这个世界有了自己的想法

提起叛逆期,很多父母第一反应就是青春期,实际上,孩子在一生之中会经历三个叛逆期。第一个叛逆期是孩子三四岁的时候。在这个阶段,孩子的自我意识觉醒,表现出各种叛逆言行。第二个叛逆期是孩子七八岁时,孩子的自我意识不断增强,他们渴望独立行动。第三个叛逆期则与青春期重合。当青春期遇上叛逆期,父母必须全方位关注孩子的成长,合理有效地引导孩子走向成熟。

不要成为被半大小子气死的老子

民间有句俗话，叫"半大小子，气死老子"。这句话告诉我们，当家里有一个半大不小的孩子，当爸爸的往往会被气个半死，这是为什么呢？这是因为孩子处于自己觉得自己已经长大而实际上并没有真正长大的年纪，所以常常会因此而犯自以为是的错误。有的时候，孩子们自以为聪明，还会想办法捉弄父母呢！在这种情况下，父母的权威受到挑战，而且也不能再像以前那样指挥和操控孩子，自然会觉得非常气愤。

结合心理学的心理年龄阶段划分，人们常说的半大小子，指的是5岁到12岁之间的孩子。这个阶段的孩子自我意识不断增强，但是能力却没有发展到可以独立生存的程度。为此，他们非常叛逆，始终认为自己已经长大了，所以不愿意继续听从父母的教诲。而真正的情况却是，他们只是自以为长大了而已，其实根本没有真正长大。他们对于人生的理解还不够透彻，他们对于人生的很多困境也无法仅凭一己之力就能摆脱。他们内心混沌，做出来的事情让父母哭笑不得。面对这样的孩子，父母的教育要讲究方式方法，从而才能避免被孩子气得头昏脑涨，甚至歇斯底里。

首先，父母要尊重孩子独立的需求。很多父母总觉得孩子还小，因而还把孩子当成婴儿去对待。殊不知，孩子一旦自我意识萌发，就不愿意继续接受父母无微不至的照顾，更不愿意总是对父母言听计从。细心的父母会发现，孩子在三四岁的时候，出现第一个叛逆期，他们在这个阶段里，自我意识觉醒，不愿意接受爸爸妈妈的安排和照顾。例如，有些4岁的女孩早晨起床之后会自己选择穿哪条裙子，而不愿意穿妈妈挑选好的裙子。等到了12岁进入青春期，孩子的叛逆心理会更严重，甚至达到故意与父母对着干的程度。

其次，父母要以平等的姿态与孩子进行沟通，了解孩子的想法，而不要一味地强迫孩子接受父母的想法。很多时候，父母看待问题的角度与孩子是截然不同的，所以父母无法真正设身处地了解孩子的想法。唯有认真倾听孩子的心声，也接纳孩子的想法，父母才会真正了解孩子。

对于每一个父母而言，如何顺利地帮助孩子度过叛逆期，这是最关键的。当然，因为每个孩子的脾气秉性不同，为人处世的作风也不同，所以父母必须更加积极地了解孩子，也给予孩子更多的成长空间。有的父母看重说教，总是一味地教育孩子，殊不知，这只会导致孩子更加叛逆。有些事情如果后果不是那么严重，父母完全可以让孩子去做，等到孩子撞了南墙再回头的时候，自然会把父母的教诲听到心里去。有些父母只想防患于未然，以自己的人生经验为孩子营造一个安全无虞的成长环境，殊不知，这么做反而会害了孩子，只会导致孩子始终处于初生牛犊不怕虎的境地。

有一天，乐乐放学后找爸爸一起回家。在距离家里还有一段距离的时候，乐乐看到路边有卖西瓜的，非要缠着爸爸买西瓜给他吃。爸爸不愿意买，说："从这里买西瓜，拎着走回家，一定很重。咱家楼下就有水果店，不如到了水果店再买，还省力气呢！"对于爸爸的话，乐乐充耳不闻，坚持要买西瓜。为此，爸爸和乐乐约定："既然你坚持要买西瓜，那么就由你负责把西瓜拎回家。"乐乐表示同意，爸爸当即买了一个大西瓜。

刚开始拎着西瓜朝家走去时，乐乐还雄赳赳气昂昂的。然而，随着走的路程越来越远，乐乐觉得西瓜越来越沉，很快就累得气喘吁吁。在不太长的路程里，乐乐休息了三四次，总算把西瓜拎回家。回到家里，他感慨地对妈妈说："妈妈，想吃个西瓜真不容易啊，快把我累死了。"后来，再遇到这样的情况，乐乐毫不犹豫选择爸爸的方案：到距离家更近的地方购买东西，省得拎着太重了。

在这个事例中，爸爸的教育方式非常高明。他知道如果坚决制止乐乐买西瓜，乐乐虽然会照做，却无法比较出他与爸爸的方案哪个更合理。为此，爸爸答应乐乐的请求，给乐乐买西瓜，让乐乐自己把西瓜拎回家。经过这次劳累，乐乐再也不强求在离家很远的地方就买西瓜了。

当发现孩子即将闯祸的时候，如果预料到后果严重，父母可以坚决制止孩子。然而，很多孩子不撞南墙心不死，对于父母的劝阻，他们往往不领情。对于这些有主见的孩子，既然他们不愿意听取建议，父母在保证孩子安全的情况下，可以让孩子按照自己的想法去做，从而让孩子主动回头，调整策略。这样一来，对孩子的教育才会起到事半功倍的效果。

父母一定要注意，为了避免孩子把无意识做出来的闯祸行为变成故意做出来的闯祸行为，无论如何，父母都不要以打骂的方式强行喝令孩子，否则一旦激起孩子的逆反心理，就会导致孩子的叛逆行为更加严重。记住，好孩子不是打骂出来的。父母唯有尊重孩子，平等对待孩子，才能与孩子处理好关系，融洽相处。

孩子为何总是离家出走

最近这些年来，关于孩子的各种问题频繁发生，甚至其中不乏一些极端事件。孩子到底出了什么问题，会在原本应该无忧无虑的年纪里，问题频现呢？究其原因，是孩子的内心出现各种状况，而离家出走的这个大招更是直指父母。作为父母，面对孩子离家出走的表现，一定要把握好原则，掌握好处理的度。因为如果被孩子意识到离家出走是个"撒手锏"，未来孩子只会更加频繁地以离家出走的方式逼迫父母就范。当然，如果父母表现出对孩子离家出走漠不关心的态度，也有可能导致严重的后果。所以针对孩子离家出走的行为，父母一定不能小觑，而要意识到这是一个非常严重的问题，而且会给孩子的成长带来巨大的危险和负面影响。

面对有离家出走念头的孩子，父母应怎么办？首先，父母要与孩子之间建立顺畅的沟通渠道。很多孩子并非愿意离家出走，而是因为他们无法与父母沟通，得不到父母的理解，所以无奈之下才会选择离家出走。其次，父母还要告诉孩子离家出走可能遇到的危险。很多孩子心思简单，觉得离家出走就是背着父母离开家，等到自己想回来的时候，就可以顺利回到家里。殊不知，离家出走的孩子，走出去容易，走回来难。很多孩子离家出走之后遭遇人贩子，或者是被乞讨的人收编，成为要钱的工具，到时候想要逃回家里都不可能。还有些孩子会受到严重的伤害，导致身体残疾，这些都是无法逆转的。尤其是有些女孩，还会被拐卖，人生的轨迹就此彻底改变。作为父母，一定要把离家出走之后有可能遇到的这些危险都告诉孩子，并且要让孩子知道离家出走之后绝不是想回家就能回家的，这样孩子才会有所收敛，也才会更加慎重对待离开家这件事情。最后，当孩子发生离家出走的事件之后，父母要做好善后，端正态度，给予孩子合理对待。既不要让孩子意识到一旦离家出走就能解决很多问题，从而把离家出走当成撒手锏，又要让孩子感受到父母的爱，从而理解、信赖父母。只有沟通到位的家庭，孩子才不会动不动就离家出走。

皮皮想买一部苹果手机，爸爸妈妈不同意，他便以离家出走相要挟。看到儿子如同蒸发一般，妈妈既着急，又生气，如果皮皮现在出现在她的面前，她也许会放下心来，但是也一定会怒不可遏地狠狠揍皮皮一顿。自从妈妈在皮皮第一次离家出走之后答应了皮皮过分的请求，皮皮就频繁上演离家出走，这是第三次了。妈妈知道社会险恶，很担心皮皮在又一次离家出走之后，也许就没有那么容易能回来了。

果然，皮皮已经失踪24个小时，爸爸妈妈去派出所报案，而且还动员所有的亲戚朋友去寻找皮皮，但是却没有找到皮皮的任何踪迹。又过了两天，一个朋友终于在网吧里发现了皮皮的踪迹。在通知爸爸之后，朋友没有第一时间接触皮皮，而是决定采纳爸爸的意见，给皮皮一个教训。妈妈尽管迫不及待想找到皮皮，但是担心皮皮未来还会再离家出走，为此也答应了爸爸的做法。

就这样，爸爸的朋友以陌生人的身份接近皮皮。此时，皮皮身上带的钱已经花完了，正饿得饥肠辘辘呢，为此当陌生人要请他吃饭，他当即两眼冒光地答应。后来，陌生人还带着皮皮去宾馆里住宿，皮皮倒头就睡，等到一觉醒来的时候，却发现自己在晃荡的汽车里，而且眼睛被黑布蒙住，四肢也被捆绑起来。听到身边有人正在交谈，皮皮更是惊恐不已。

"这个准备卖到哪里去？虽然看起来也就十四五岁的样子，去煤矿底下干点儿零碎活儿，还是可以的。"

"这个孩子认识字，读过书，我觉得得把他送远一些，去荒山里吧，逃不出去。要是在人多的地方，他很有可能会溜掉。"

"没事，他要是敢溜，抓回来就卖到国外，让他一辈子当奴隶！"

……

听着这些话，皮皮简直心惊胆战，浑身无法控制地瑟瑟发抖。后来，趁着车子停下来加油的机会，皮皮从车子上逃下来，找到一个警察求助。皮皮不知道，这是爸爸的朋友故意给他机会逃跑的。惊魂未定的皮皮第一时间给爸爸打电话，哭着请求爸爸来接他回家。果然，这次之后，皮皮再也不敢离家出走了。爸爸妈妈也调整教育皮皮的方式，再也不粗暴对待皮皮。

在这个事例中，针对频繁出走的皮皮，爸爸实在没招了，所以才会强忍住皮皮失而复得的喜悦，没有第一时间去接皮皮，而是让朋友假装扮演坏人，给了皮皮一个教训。皮皮意识到离家出走的危险，也意识到生命比他那些无理取闹的要求更重要，为此再也不敢随便离家出走。当然，这样的教育方式也是非常冒险的，因为过程中的很多细节都不可操控。为了让孩子意识到离家出走的严重后果，父母还可以和孩子一起看相关的节目，让孩子意识到离家容易回家难，从而让孩子更加收敛自己。

尤其是在孩子离家出走回来之后，父母要对孩子进行适度的教育。很多孩子在第一次离家出走平安回家之后，胆子会越来越大，说不定还会有第二次、第三次……因而父母的教育方式很重要，既要解开孩子的心结，也要对孩子起到一定的震慑效果，从而彻底打消孩子再次离家出走的想法。

当然，对于孩子离家出走的现象，父母也要进行深刻的自我反思，要知道孩子之所以离家出走，并非不喜欢留在安全舒适的家里，而是因为父母教育的方式不恰当。如今，孩子的学习压力很大，尤其是很多父母总是打着为孩子好的旗号，想方设法逼迫孩子学习，甚至完全不尊重孩子。当孩子觉得在家里没有安全感，也没有任何自由，反而还要忍受父母无休止的唠叨，甚至是打骂，他对于离开家的期望就会超过离家出走带来的恐惧，这正是导致他们决绝离家出走的原因。作为父母，要用爱对待孩子，让家成为孩子温馨的港湾，这样孩子才能更加信赖父母，也更加热爱家庭。

严格管教可能导致孩子更叛逆

当孩子作为新生儿呱呱坠地的那一刻，父母对于孩子的爱就会如同滔滔江水一样奔涌出来。尤其是妈妈，更是母爱爆棚。无数妈妈在生孩子之前最担心的是孩子的胳膊、手指、脚趾是否齐全，最大的心愿是孩子能够健康。当孩子不断成长，妈妈的心愿是希望孩子能够快乐。而当孩子进入学校，妈妈瞬间不淡定，也把此前对孩子的很多希望都完全抛之脑后，她们希望孩子能够在学习方面出类拔萃，成为当之无愧的第一名。由此，父母对于孩子的赏识也完全变了味道，从此前觉得孩子什么都好，到后来对孩子各种苛求，甚至唠叨不休，严格管教，导致孩子越来越叛逆。

很多父母误以为孩子还小，就是需要父母严格的管教，才能健康成长，也担心孩子如果缺乏管教，会不知不觉之间就误入歧途。殊不知，父母管教越严格，孩子就会更加叛逆。特别是在叛逆期，父母的管教非但不能对孩子起到正面作用，反而会对孩子起到完全相反的作用。看着越来越不听话的孩子，父母一定会感到很纳闷，不知道孩子为何会叛逆，也对此感到无计可施。

当孩子进入青春期，他们自身的能力得到一定发展，他们的自我意识也更强，因而他们总是喜欢尝试，做各种从未做过的事情。细心的父母会发现，尤其是那些在小时候被父母严格管教的孩子，在进入青春期之后会更加叛逆，这是因为他们有太多新鲜的事情需要去做，也始终渴望着有朝一日自己具备一定的能力，就可以与父母对抗。所以明智的父母不会一味地限制孩子不能做各种事情，而是会尽量给予孩子更大的空间去尝试，从而让孩子在感受到新鲜滋味的同时，也能够开阔眼界。对孩子的管教也可以借鉴这样的思路。当孩子叛逆心理爆棚的时候，父母一定要放松对孩子的严格管教，给予孩子一定的时间和空间去成长，孩子的逆反心理才会渐渐减弱，孩子也才能形成自控力，不再盲目地叛逆。

皮皮从小就是个听话的孩子，非常懂事，对于爸爸妈妈所说的话也能够听到心里去。然而，自从上了初中，皮皮就像变了个人似的，前一段时间他三次离家出走，每次都把妈妈吓得魂飞魄散，后来意识到离家出走很危险之后，他不敢再离家出走，却转而和学校里那些学习成绩很差的孩子在网吧里通宵上网、刷夜。爸爸妈妈不得不去各个网吧寻找皮皮。渐渐地，皮皮的学习成绩越来越差，爸爸妈妈生气极了。

有一段时间，皮皮居然染了头发，看起来就像是社会上的小混混一样。妈妈为此狠狠骂了皮皮一通，但是皮皮不以为然，没过多久还打了好几个耳洞回家。妈妈简直要气疯了，但是对于这个已经比她还高的儿子，妈妈根本没有任何办法。

现代社会经济发展迅猛，社会上对于孩子的诱惑很多。当孩子的成长保持平衡状态，他们就能自觉抵制外界的诱惑，当孩子的成长处于失衡状态，尤其当孩子的内心忐忑不安时，他们常常会在不知不觉间受到诱惑，也就是父母所说的"学坏"。对于孩子各种奇怪的表现，父母一定不要盲目地断言孩子"学坏"了，而是要探究孩子发生改变背后深层次的原因，从而给予孩子积极的引导，帮助孩子成长起来。

父母尤其需要注意的是，不要把孩子当成套中人一样保护起来，而是要给孩子一定的时间和空间，从而让孩子自由成长，让孩子遵循内心的节奏不断长大，这样孩子才会渐渐地形成自控力。所以自控力，是孩子由内而外散发出来的力量，是可以帮助孩子不断成长的力量。如果孩子总是要依靠外部的力量才能有效控制自己，那么他们的人生发展就会滞后。此外，父母还要怀着与时俱进的眼光看待孩子。很多父母总是把对孩子的认知停留在孩子的幼儿阶段，这样一来，父母的管教方式就不能与时俱进，就不能对孩子起到积极的推动作用。例如，对于小婴儿的照顾和对儿童的照顾是不同的；对于儿童的照顾和对于青少年的照顾又是截然不同的。父母一定要意识到孩子是在不断成长的，才能跟得上孩子成长的脚步，也才能以与时俱进的教育方式对待孩子，用心呵护孩子健康快乐成长。

别让孩子关闭心门

很多父母都认为自己与孩子之间是有代沟的，的确如此，父母与孩子至少相差20几岁，不管是生存环境还是成长所在的时代，都是截然不同的。在这种情况下，父母要意识到自己与孩子尽管很亲密，也要负责照顾孩子成长，但是孩子并非是父母的附属品，也不是父母的私有物。父母一定要尊重孩子，而不要以高压政策和权威，导致孩子在父母面前抬不起头，更不敢随意表达自己的任何想法。听话的孩子是很多父母的骄傲，但是明智的父母却知道，如果孩子连在父母面前都不能表达自己的想法，他们就无法顺利地与他人沟通，更不能成功地在这个社会上立足。

由此可见，父母与孩子的顺畅沟通，对于孩子的成长有着至关重要的影响作用。通常情况下，父母在与孩子的沟通中占据主导地位，就一定要想方设法引导孩子倾诉心声，从而与孩子建立起良好顺畅的沟通渠道。当然，对待不同年龄段的孩子，父母在沟通时要采取不同的策略。对于青春期和叛逆期的孩子，为了保护孩子的自尊心，父母一定要讲究方式方法。有的时候，语言就像一把无形的利剑，很容易伤害孩子稚嫩的心灵，父母爱孩子不仅要照顾好孩子生活的方方面面，更要照顾好孩子的情绪状态。

妈妈发现乐乐越来越不爱说话，尤其是不喜欢和爸爸妈妈沟通。妈妈很担心，生怕乐乐有什么心事，或者在学校里遇到难题，因而就找到班主任老师了解情况。从班主任那里，妈妈得知乐乐表现良好，根本没有任何异常。为此，妈妈很纳闷：为何乐乐不愿意和爸爸妈妈沟通呢？

有一天，在送乐乐上学的路上，乐乐难得兴致高涨，针对一个社会问题说起自己的见解，爸爸当即批评乐乐："你想问题就太片面，如果所有人都像你这么想，社会还不乱套了吗？"听了爸爸的否定，乐乐当即说道："好，我说的都是错的，我就当哑巴，好吧？""哑巴"二字深深地刺痛了妈妈的心，妈妈意识到乐乐不爱说话，也许根源就出在她和爸爸身上。等到乐乐下车去学校，妈妈一本正经地对爸爸说："不要让他一张嘴就被批评，不管他说的是对的还是错的，我们首先要认可他，然后他才能大胆去说。如果我们总是这样打击他，他就会对我们关闭心门，不愿意继续与我们沟通。而且，你要知道他毕竟还是个孩子，根本不可能把问题看得那么深刻，我们在与孩子沟通的时候，不应该也以孩子的视角看待问题，以孩子的思维考虑问题吗？"妈妈的话很有道理，爸爸点点头，说："好的，以后我会注意改正。"

在爸爸妈妈的一番努力下，与乐乐的沟通情况果然有所好转。随着得到爸爸妈妈的认可和表扬越来越多，乐乐也变得更加健谈。

在这个事例中，孩子在学校里表现正常，只是不愿意与爸爸妈妈沟通，明显是爸爸妈妈的沟通方式出现问题。如果爸爸妈妈总是习惯性否定孩子的话，别说是自尊心敏感而又脆弱的青春期孩子，就算是成人，也会很不高兴。为此，父母应该理性对待孩子，尤其是要意识到孩子的人生经验有限，在看待某些问题的时候会有所局限也在所难免，从而理性宽容和接纳孩子，给孩子更多的信心和勇气。

当发现孩子已经渐渐地关闭心门，不愿意敞开心扉交流时，父母就要想办法打破孩子心中的坚冰，给予孩子鼓励和认可。而有些孩子完全噤声，不愿意当着父母的面发言，父母也就没有机会可以和孩子进行更多的交流，在这种情况下，父母不如换一种新鲜的沟通方式，从而与孩子之间进行互动。例如，父母可以给孩子写纸条，把当天发生的事情以及自己的感受写在纸条上告诉孩子。再如，如果孩子比较大，有手机，父母还可以给孩子发微信，从而避免了当面沟通的尴尬。当父母以各种方式渐渐地打开孩子的心扉，融化孩子心中的坚冰，就会发现与孩子的沟通越来越顺畅。

需要注意的是，为了鼓励孩子勇敢表达自己的思想，明智的父母不会迫不及待地把自己的想法一股脑儿地说出来，而是先征求孩子的意见，先听听孩子怎么说。因为很多孩子相对胆小，当发现父母的想法和他们不一致时，他们往往会胆怯，不敢说出自己的真实想法，从而导致亲子沟通进入困境。此外，当听到孩子的意见与自己不一致时，父母一定要保持镇定和冷静，不要当即就否定孩子，否则只会导致孩子渐渐地关上心扉，不愿意与父母交流。对于每一件事情，每个人都会有自己的想法和见解，孩子也是独立的生命个体，当然有权利表达自己与众不同的看法。因而父母一定要尊重孩子，才能培养出有主见的孩子，才能避免孩子出现人云亦云的情况。

恩威并施对待任性孩子

很多父母都会因为孩子的任性感到苦恼，这是因为孩子一旦任性起来，简直是油盐不进的小魔头。对于这样的孩子，父母总是无计可施，也不知道要怎么做才能改变孩子的任性。实际上，孩子的任性并非与生俱来的，大多数孩子之所以越来越任性，是因为在成长的过程中被父母娇纵和宠溺，他们的欲望和要求总是能够得到满足，所以也就越来越自我，越来越愿意围绕着自己的想法去做人做事。要想避免孩子任性，在教养孩子的过程中，就应该注意引导孩子。例如当孩子提出无理要求的时候，不要因为要求小，就无限度地满足孩子，也不要因为孩子的要求不是原则性问题，就对孩子一再让步。如今，大多数家庭都只有一个孩子，父母宠爱孩子无可厚非，但是却不要娇纵孩子。正如有一位名人所说的，父母的溺爱是对孩子最大的害。作为父母，在爱孩子的同时要讲原则，在对待孩子的时候要学会恩威并施，既对孩子慈爱，也对孩子施展威严，从而让孩子对父母既亲近，也在必要的时候惧怕父母。这样的张弛有度，才能让家庭教育恰到好处。

尤其是对于任性的孩子，父母如果可以让步也可以不让步，就不要让步，因为在孩子任性的时候让步，只会让孩子更加得寸进尺，使得孩子更加任性。父母要知道，每个孩子的成长都不是均衡的，在每个特定的时期，孩子的成长也会表现出不同的特点。而实际上，任何年龄阶段的孩子都有可能任性，这是因为随着不断的成长，孩子的自我意识不断增强，他们的表现会与小时候的"无我"状态截然不同。很多孩子小时候没有"我"的概念，他们不能把"我"与外界区分开来，为此，他们是与外界浑然一体的。但是在到了两三岁的时候，他们的自我意识开始萌芽，逐渐意识到自己的存在，有了"我"的概念，为此他们就会表现出任性。孩子的自我意识发展是螺旋形的，在经过任性的焦虑期后，他们也会平稳下来一段时间。等到叛逆期再次到来，他们的任性又会变得非常明显。

周末，小雅来到爷爷奶奶家里玩。爷爷奶奶很久没有看到小雅，当即带着小雅去商场，还说要给小雅买礼物。小雅才刚刚进入商场的玩具店，就看中一件玩具，问爷爷："爷爷，我可以买这个玩具吗？"爷爷看着玩具，毫不迟疑地对小雅点点头。小雅高兴地把玩具收入囊中。在玩具店里，小雅很快又看到心仪的玩具，她一只手拿着第一次选择的玩具，一只手拿着第二次相中的玩具，左右为难。这个时候，疼爱小雅心切的奶奶，对小雅说："喜欢就都拿着吧。"有了奶奶这句话，小雅一发而不可收拾，又选中好几件玩具。

即使爷爷奶奶再疼爱小雅，也架不住小雅这么买玩具啊，奶奶看到购物筐里满是玩具，对小雅说："宝贝，咱们已经买了很多，下次再来买，好不好？"小雅当即施展哭泣大法，对着喜欢的毛绒玩偶哭个不停。正在这个时候，爸爸来接小雅和爷爷奶奶回家，看到小雅的样子，爸爸当即说："小雅，你怎么能买这么多玩具呢？不能再买了。而且如果表现不够好，就连筐里的这些玩具，也不能都买。不然，非得把爷爷奶奶的退休工资都花光了不可。"看到爸爸义正词严的样子，小雅意识到爸爸的态度很坚决，当即擦干眼泪，和爸爸一起走往收银台。

在这个事例中，小雅之所以变得任性，是因为她看到爷爷奶奶对她买玩具的纵容态度。一开始，小雅选择第二件玩具时很迟疑，这说明她意识到不能买很多玩具，这个时候如果爷爷告诉小雅只能选择一件玩具，那么小雅就会在第一件玩具和第二件玩具中进行取舍。而奶奶毫不迟疑告诉小雅喜欢就都留着，小雅试探到奶奶的态度，因而后来才会选择更多的玩具。由此可见，父母对于规矩的态度决定了孩子执行规矩的力度，所以，父母要有意识地给孩子订立规矩，才能让孩子养成良好的行为习惯。

面对任性的孩子，很多父母都会觉得无计可施，实际上对于父母而言，如果不想助长孩子的任性，就要对孩子有原则，而不要因为孩子一哭闹，就马上妥协。还有些父母把对孩子的爱完全理解错误，觉得爱孩子就是要满足孩子的一切愿望，实际上这样的想法是完全错误的，因为爱孩子不是无原则地退让和无限度地付出，父母爱孩子一定要讲究方式方法，才能最大限度引导孩子，同时还要给孩子树立规矩。

最近这些年来，因为不懂得遵守规矩发生的惨剧很多，作为父母也要意识到必须培养孩子遵守规矩的意识，还要给孩子树立规矩，这样孩子才能更好地在社会上生存。很多父母总是孩子一哭闹就心软，觉得对孩子妥协一次也是无伤大雅的。实际上，这样的妥协对于孩子没有任何好处可言，只会导致孩子的任性越来越严重。当然，父母也需要注意，不要对任性的孩子动辄拳脚相加，而是要理性对待孩子，严肃认真地告诉孩子某个原则是不能妥协和改变的，并且真正坚持去捍卫这个原则，这样孩子才会意识到父母的话一言九鼎、一诺千金，从而更加认真慎重地对待父母的话。

第 3 章

接纳孩子的情绪变化——用理解和包容对待孩子

很多孩子翻脸比翻书还快,这是因为孩子的情绪总是反复无常,变化猝不及防,这让父母感到很苦恼,甚至不知道应该以怎样的态度对待孩子。尤其是在很多公共场合,父母一旦看到孩子情绪失控,就会觉得非常尴尬,甚至觉得丢了面子,也为此对孩子大吼大叫。实际上,父母的歇斯底里只会让孩子的情绪更激动,明智的父母会用理解和包容对待孩子,也会接纳孩子的情绪变化,从而帮助孩子恢复情绪平静。

五月的天，孩子的脸

常言道，五月的天，孩子的脸，这句话告诉我们，孩子的情绪是非常复杂多变的，也常常会毫无征兆就发生改变。因而作为父母要学会疏导孩子的情绪，给予孩子更多的关怀和引导，从而才能在孩子出现情绪问题的时候及时觉察，也真正体谅孩子的情绪，给予孩子更好的处理和解决方案。作为父母，切勿在孩子情绪出现问题的时候，和孩子一起陷入情绪的旋涡中无法自拔。

孩子的情绪波动本身就很大，所以孩子才会总是无缘无故地苦恼，也才会总是陷入反复无常的喜怒哀乐之中。孩子并不像成人所想的那样总是无忧无虑的，事实告诉我们，孩子也会有烦恼。孩子有自己的小心思，孩子也会受到情绪的困扰，时常莫名地忧虑。细心的父母会发现，有些孩子在发脾气的时候，不愿意接受父母的安慰，反而越是有人安慰，他们越会哭闹不休。还有的孩子为了达到某种目的而哭泣，直到父母满足他们的心愿，他们才会偃旗息鼓。对于这样的孩子，父母应该采取冷处理的方式，既不要主动劝说孩子，也不要无限度满足孩子的欲望和要求，只有让孩子意识到父母的态度很坚决，孩子才会有所收敛。

如今，大多数家庭都只有一个孩子，在长辈和父母的爱与呵护中，孩子成为整个家庭的中心。长此以往，孩子就会对自己形成错误的认知，即使走出家庭，走入社会，也依然会把自己视为中心，而理所当然地认为整个宇宙都应该围绕着他转动。其实，这都是父母在养育孩子的过程中不讲究方式方法导致的。对于孩子而言，父母必须更加理性地引导孩子，也帮助孩子合理控制情绪，才能让孩子的成长更加有序可循。

当发现孩子无缘无故哭闹的时候，父母也不要感到焦躁。要知道，孩子也是有情绪周期的，当感到焦虑或者郁闷的时候，孩子难免需要发泄情绪。所以父母如果不知道孩子为何哭闹，在对孩子进行观察，确定孩子身体无恙之后，就可以给予孩子时间去尽情哭泣。还有些父母总是迷信很多专家学者的育儿观念，殊不知，你面对的孩子不是那些专家学者的孩子，所以专家学者的育儿经验不能完全照搬。明智的父母会以育儿的理论知识作为基础，指导自己，而不会把任何人的育儿经验完全照搬到自己孩子身上。唯有内心笃定，父母才能给予孩子最好的教育和引导。唯有及时体察孩子的情绪，父母才能因势利导，诱导孩子的情绪朝着健康良性的方向发展。唯有给予孩子适当的情绪表达方式，孩子才会更加快乐、情绪健康。

父母一定要知道，大多数孩子在成长过程中出现的各种情绪和心理问题，实际上都是与家庭教育密切相关的。当父母抱怨孩子的情绪不好时，不如先反省自己在教育孩子的过程中是否有什么做得不对的地方，是否会进入哪些误区。唯有时刻保持反省，时刻给予孩子最好的引导和健康的教育环境，孩子才能茁壮成长。

接纳孩子的情绪

当孩子陷入某种情绪中哭闹不止的时候，作为疼爱孩子的父母，你是否也会感到非常厌烦，甚至恨不得孩子身上有个暂停键，从而按下暂停键，就能让孩子马上停止哭泣，绽放笑容。遗憾的是，孩子不是录音机，孩子的哭泣声更不是从磁带或者光碟里传出来的。哪怕父母心急如焚，孩子也依然故我地哭泣，因为他们就是想哭。看到孩子这样的执拗，大多数父母都会感到抓狂，孩子的哭声冲击着他们的心脏，让他们如同百爪挠心，根本无法保持理性。当然，这样的反应对于父母而言也正常，大多数不理解孩子情绪，也不懂得接纳孩子情绪的父母，在遇到孩子无休止地哭泣时，都会有这样的反应。

还有的父母不能忍耐，脾气火爆，就会对孩子歇斯底里，大发雷霆："别哭了，别哭了！再哭，就给我滚蛋！"对孩子毫无招数的父母，也只能以这样的方式制止孩子的情绪发泄，可惜收效甚微。有的时候，父母神经质的行为吓到孩子，孩子反而会更加不管不顾地哭起来。最让父母抓狂的是，他们再怎么询问，孩子就是不愿意说出自己为何要哭泣，这种无厘头的行为很容易让父母崩溃。

实际上，上述这些反应的父母都陷入一个误区，即觉得孩子在没有明确原因的情况下是不能哭的。也就是说，如果孩子没有觉得哪个地方不舒服，或者被别人训斥等，就不能哭泣。孩子哭泣一定要有理由吗？前文说过，孩子不像成人那样有比较强的情绪控制能力，而是会陷入情绪的旋涡中无法自拔。所以说，孩子哭泣未必要有理由，而是一种情绪反应和情绪表现。作为父母，首先要做的是接纳孩子的情绪性反应。所谓接纳孩子的情绪性反应，就是接纳孩子的一切情绪表现和行为，例如，孩子哭泣，父母能坦然面对，孩子高兴，父母也能尊重孩子得意扬扬的表现。这样的接纳之下，孩子才会认可自己的情绪，也从而更加理性地面对自己的情绪。如果父母从一开始就否定和排斥孩子的情绪反应，则只会导致孩子更加紧张不安，也会使得孩子陷入焦虑的情绪状态之中，因而表现更差。

遗憾的是，现实生活中，很多父母在与孩子相处的时候，根本不能完全站在孩子的角度看待和考虑问题。尤其是当孩子哭泣的时候，他们更是会当即就否定孩子，训斥孩子，这样一来，孩子觉得自己受到父母的排斥，因而更加情绪激动。作为父母，要站在孩子的立场上看待和考量问题，这样才能让孩子停止哭闹，也更有利于孩子接受父母的意见和看法。现实生活中，很多父母都在不知不觉中否定孩子的情绪，这给孩子带来了糟糕的情绪体验，也让孩子受到不良的情绪影响。

有一天放学后，因为爸爸提前下班去办事情，所以没有开车带着乐乐一起回家。为此，乐乐独自坐公交车到地铁站，倒了两趟地铁，下车又继续坐公交车才到家。一回家，乐乐就大呼小叫："啊，累死了。"爸爸白了乐乐一眼，说："上班的人天天都是这么坐车的，怎么累死了呢？"妈妈避开乐乐的视线，白了爸爸一眼，又扭头对乐乐说："乐乐真的很厉害，才上五年级，就自己倒车回家，绝对是天生就对路有感觉，到时候妈妈要是出门，还得指望乐乐带着倒车呢。"

听到妈妈的话，原本皱着眉头的乐乐笑起来，对妈妈说："好的，妈妈。没问题。"妈妈继续对乐乐说："现在去洗手休息10分钟，然后咱们吃饭，好不好？"乐乐很听话，赶紧去洗手准备吃饭。乐乐离开之后，妈妈小声对爸爸说："你能学会接纳他的情绪，而不要总是否定他的情绪吗？这对孩子很重要，不但会影响孩子的心情，也会影响孩子的行为表现。"爸爸觉得妈妈说得很有道理，当即点点头，表示自己以后也会接纳乐乐的情绪。

对于乐乐独自回家的行为，虽然爸爸说的是事实，但是却会打击乐乐的积极性，导致乐乐积极性受挫。而妈妈的说法则正好顺应了乐乐的情绪，与此同时，妈妈还对乐乐表示认可和赞赏，这恰恰是乐乐希望得到的。这样一来，得到鼓励和认可的乐乐，一定会表现更好。

　　父母接纳孩子的情绪，不但要接纳孩子的坏情绪，也要接纳孩子的好情绪。现实生活中，每个孩子都有很多情绪，父母要想与孩子好好相处，就要接纳孩子的各种情绪。除此之外，当意识到孩子即将情绪爆发的时候，父母还要有意识地引导孩子的情绪，从而帮助孩子保持情绪平静。诸如，当孩子不小心把苹果核咽到肚子里，父母可以对孩子说："没关系，宝贝，只要多吃饭多喝水，就能把苹果核当成臭臭拉出来。"这样一来，孩子的情绪就能保持平静。反之，假如父母对孩子说："哎呀，这下子可糟糕了，也许你的肚脐眼会长出一棵苹果树呢！"这样的话会给还不懂事的孩子带来恐慌，导致孩子情绪焦虑不安。明智的父母不会故意吓唬孩子，而是在教育孩子的基础上，引导孩子更加理性思考问题，也想方设法地解决问题。当然，这样通过想象的方式安抚孩子的方法，只适合于5岁以下的孩子，而大一些的孩子会觉得这是父母用小儿科的方式欺骗自己，因此对父母的话不屑一顾。

　　总而言之，帮助孩子梳理好情绪，是至关重要的。父母一定要及时关注孩子的情绪，接纳孩子的一切情绪反应，从而帮助孩子形成好情绪。

不要因为孩子情绪化就迁怒于孩子

　　不得不说，现代社会每个人要想生存下来，要想生存得好，压力都是非常大的。尤其是已经为人父母的年轻人，更是需要在照顾家庭的同时，拼尽全力在职场上打拼，把工作做好，才能为自己赢得一席之地。正因为白天已经在职场上奔波忙碌和拼搏一天，当晚上回到家里的时候，如果孩子不懂事，总是哭闹不休，或者闹各种各样的情绪，父母往往会非常气愤，甚至还会把一天之中的怒气都撒到孩子身上，还责怪孩子是自己非要往枪口上撞。

众所周知，孩子是情绪化的，很容易出现各种各样的情绪问题。这不是因为他们过于矫情，也不是因为他们的本性，而是因为他们的内心需求没有得到满足，甚至是尊严受到伤害。孩子年纪还比较小，缺乏人生经验，也没有掌握沟通的技巧，因而当情绪冲动的时候，他们总是会采取各种方法伤害自己，伤害他人。这样的方式在成人看来是可笑的，但是对于孩子而言，却是顺其自然做出来的。每当孩子哭闹不休的时候，父母一定不要盲目地禁止孩子发泄情绪，更不要以威胁恐吓甚至是打骂的方式强行终止孩子的情绪发泄行为。很多父母被孩子闹得着急了，就会吓唬孩子："再哭闹，就把你赶出去，让你在大街上流浪。"父母在说出这样"狠心"的话时，当然知道自己的目的只是吓唬孩子，而不是要真的伤害孩子，但实际上，孩子还分不清楚父母的真心和假意，他们很容易误解父母是真的要伤害他们。还有的父母会把闹情绪的孩子关到单独的一个房间里，如果房间里的安全措施不到位，也许会酿成无法挽回的悲剧。曾经有一个4岁的小女孩在和妈妈吵架之后，独自一个人跑到房间里，把门反锁上。妈妈一开始没有在意，觉得孩子一会儿就会走出来，直到有人来敲门，妈妈才知道4岁的女儿已经坠楼。才4岁的孩子，根本不知道高楼的窗户外面意味着怎样的风险，为此，她就那样走出去，再也回不来。妈妈即使再怎么懊悔，也无法挽回孩子的生命。不得不说，这样的悲剧让无数人都警醒。

父母对于孩子有着监护的责任，不管多么疲惫，也不管在白天工作中受了多少气、吃了多少苦，父母都不要苛责孩子，更不要迁怒于孩子。尤其是当孩子情绪化反应激烈的时候，父母一定要以平复孩子的情绪为首要的责任，而不要总是对孩子过分指责。父母唯有尽量理解孩子的情绪，才能有效平复孩子的情绪。此外，孩子还小，还不知道情绪为何物，他们虽然受到情绪的困扰，却不知道如何消除负面情绪。父母要引导孩子探究情绪背后隐藏的原因，从而才能有效帮助孩子。尤其需要注意的是，父母唯有保持好情绪，孩子才能避免情绪失控。面对一个歇斯底里的孩子，父母更要面带微笑，从容应对。

当孩子情绪特别激烈的时候，父母还可以为孩子树立榜样，让孩子去模仿对方。例如，当孩子不愿意上幼儿园，那么父母可以告诉孩子："看看，豆豆都去上幼儿园了，而且豆豆没有哭，高高兴兴的。我觉得你也可以做到，好不好？"面对孩子的情绪，很多父母都想第一时间就帮助孩子恢复平静，那么还可以采取转移注意力的方法，让孩子暂时遗忘负面情绪，把小小的哭脸变成笑脸。总而言之，父母对于孩子一定要有足够的耐心。常言道，人非圣贤，孰能无过。成人都不能保证不犯错误，更何况是孩子呢？面对孩子或者无心或者有意的小小错误，父母一定要足够宽容，足够忍耐，从而控制好自己的坏脾气，避免在孩子稚嫩的心灵中留下难以磨灭的阴影。老司机都知道，遇到红灯，宁停三分，不抢一秒。作为父母，在情绪的红灯面前，同样要懂得宁停三分、不抢一秒的道理。当感到自身情绪冲动时，父母一定要长吸一口气，让情绪平静下来，然后再去与孩子交涉，对孩子循循善诱。

不要让孩子产生罪恶感

在这个世界上,绝没有哪个孩子能够不犯错误就长大,所以父母对于孩子的错误一定要怀着包容的态度,宽容孩子,也理解孩子。当父母对孩子过分吹毛求疵,或者把孩子的错误无限放大时,孩子原本放松的心情就会变得紧张,小小的他们甚至无法正确衡量自己的错误,而只看父母的表情就以为自己犯了不可饶恕的错误,可想而知,孩子的心理压力是非常大的,孩子内心也会倍感沉重。

看到这里,很多父母也许会觉得委屈,为自己辩解:我是为了关心孩子,对孩子好,才会严格要求孩子的。殊不知,孩子降临人世的时候,对于这个世界一无所知,所以他们有着强烈的求知欲,对于自己未知的事物想要亲自动手去做。在这种情况下,如果父母总是禁止孩子,或者因为孩子犯了错误就无限度地严厉批评孩子,无形中就会伤害孩子的探索欲和求知欲,也会对于孩子的成长起到禁锢的作用。

无论在什么情况下,父母都不要让孩子产生罪恶感,更不要随意地把负面标签贴在孩子身上。否则,孩子就会渐渐地向父母关闭心门,再也不愿意与父母沟通,也不愿意信任和依赖父母。如果父母觉得孩子的能力不足,可以给孩子更多的机会亲身实践,在一次又一次的锻炼过程中,孩子才会不断地成长,能力也得到增强。总而言之,孩子的成长是一个漫长的过程,必须循序渐进才能进行下去。父母不要急功近利,也不要想让孩子一蹴而就长大成人。唯有给予孩子积极的心理暗示,孩子才能阳光快乐,健康成长。

妈妈是个有洁癖的人,从小,妈妈就不能忍受小雅光着脚在地板上跑，因为这样会让地板上留下一个个小脚印。妈妈也不允许小雅吃饭或者喝水的时候把饭菜、水滴掉到地上，因为这样会在地板上留下油渍、水渍。为了保持家里的清洁卫生，妈妈每天都要辛苦地拖地，打扫卫生，正是因为如此，爸爸和小雅都被妈妈严格管理，不允许在地板上留下任何痕迹。有一次，小雅喝水的时候不小心把杯子弄倒了，水洒得满地都是，为此妈妈尖叫一声，把小雅吓得浑身哆嗦。后来，妈妈一边气鼓鼓地批评小雅，一边把地面打扫干净，小雅整个晚上都坐在沙发上不敢动弹。

有一次，妈妈带着小雅参加朋友的宴请，去饭店里吃饭。小雅吃排骨的时候不小心把排骨掉在自己的裙子上，她吓得赶紧看着妈妈，然后放松地说："幸好，排骨掉到我的裙子上，没有掉到地上。"妈妈朋友听到小雅的话觉得很新奇："小雅，排骨掉到裙子上有什么好的？把裙子都弄脏了。"小雅回答："妈妈不让我把地弄脏，掉在裙子上没关系。"妈妈朋友看着小雅，一本正经地说："看看吧，你的洁癖都给孩子造成心理阴影了。"妈妈这才意识到自己一直以来的洁癖，讲究干净和卫生，给小雅带来了困扰。后来，妈妈不再强求小雅必须保持地面卫生，小雅在家里玩的时候也开心一些、轻松一些了。

父母对孩子的爱，不仅仅表现在对孩子的吃喝拉撒照顾得无微不至上，也表现在给予孩子更大的成长空间，帮助孩子拥有良好的情绪。对于孩子而言，安全感是最重要的，那么父母就要给予孩子安全感，不仅把对孩子的爱放在心里，更把对孩子的爱挂在嘴边，也把对孩子的爱表现在朝夕相处之中。事例中，小雅被妈妈的洁癖弄得非常紧张，所以才会庆幸排骨掉在裙子上，而没有掉在地上。意识到小雅的焦虑情绪之后，妈妈也当即改变。

很多父母羡慕别人家的孩子看起来温和、懂礼貌，也很阳光。实际上，孩子并非生而就焦虑，或者生而就充满阳光，而是在后天成长的过程中渐渐形成了各种性格。孩子的世界是非常简单干净的，父母唯有尊重和热爱孩子，也真正做到平等对待孩子，才能帮助孩子建立信心，也让孩子在长大成人之后能够拥有强大的精神力量、丰富细腻的感情。

父母情绪稳定，孩子才能情绪稳定

孩子情绪不稳定，有时会莫名地哭闹，当父母被孩子哭得心急厌倦的时候，就会认为孩子是在无理取闹。为此，父母也总是压不住火气，对着孩子大喊大叫，怒火中烧。其实对于孩子而言，当父母以权威压迫他们低头认错时，他们的内心并不服气。这样一来，孩子也许暂时屈从于父母的威严，实际上却会因为各种各样的原因迟早有一天会与父母爆发更加激烈的争执，甚至是矛盾。这是因为父母的强制要求激发起了孩子的逆反心理，导致孩子故意与父母对着干。从另一个极端而言，如果孩子始终在父母的压迫下成长，那么日久天长，孩子就会毫无主见，不管做什么事情都要依靠父母拿主意。这样的孩子看似听话，却没有自己的思想，已经成为父母的傀儡。不得不说，父母即使再爱孩子，也不可能照顾孩子一辈子。随着父母渐渐老去，在父母长期"压迫"下成长的孩子始终唯唯诺诺，根本无法为年迈的父母支撑起一片天。

面对孩子的情绪，父母不能强制要求孩子停止哭闹，因为这不是对孩子的教育，而是对孩子的胁迫。没有人愿意被胁迫着做任何事情，凡事都讲究心甘情愿，父母对孩子也应该如此。明智的父母知道，教育不是强迫，更不是压迫，所以他们会尊重孩子的意见，也会在与孩子意见相左的时候，先控制好自己的情绪，再引导孩子控制好自身情绪。作为父母，如果自己的情绪就是歇斯底里的，又如何能够以身作则，给孩子树立好榜样，让孩子也和父母一样心平气和呢？

有一段时间，妈妈发现乐乐每天放学后，居然要用四五个小时的时间完成作业，这也就意味着乐乐在3点多放学之后开始写作业，中间抽出一个小时的时间吃饭休息，居然要到晚上10点多才能完成作业。看着乐乐哈欠连天的样子，妈妈意识到这期间一定出问题了。妈妈当然不相信老师会给五年级的孩子留下四五个小时才能完成的作业量，也私底下询问了班级里的其他家长孩子都需要多长时间完成作业，因而更加确定了乐乐一定是在故意拖延时间。

次日，妈妈要求乐乐必须在自己的写字桌对面，也就是在自己的眼皮子底下完成作业，而不允许乐乐去自己的卧室里完成作业。乐乐非常抵触，拿着作业本来到妈妈面前的时候就忍不住摔摔打打，还愁眉苦脸的。妈妈忍不住说乐乐："你这是写作业的态度吗？如果你心里没鬼，那么在哪里写都是一样的啊，无须这么抵触到我的眼皮子底下来写作业。"乐乐当然知道妈妈的心思，也很明白自己的问题所在，生气地把书本一下子扔到写字桌上。妈妈也火冒三丈，当即拿起乐乐的作业本撕碎，扔到地上。就这样，母子俩之间的战争爆发了，最终乐乐的书本被气昏了头的妈妈撕坏，乐乐情急之下也险些把文具盒砸到妈妈的头上。看到这样的情况，奶奶气得简直要昏厥。

事情发生之后，妈妈和乐乐好几天都冷战，爸爸知道情况后，也批评妈妈太过冲动。妈妈恢复理智，对于自己当日的行为和做法感到懊悔。然而，说出去的话，做出来的事情，都是无法挽回的。直到一周之后，乐乐与妈妈之间的关系才稍微缓和，但是母子俩之间总像是隔着什么，显得有些生疏。

在这个事例中，如果妈妈能够控制好自己的情绪，那么哪怕乐乐的情绪不太好，妈妈也可以把握事情发展的方向，从而给予孩子更多的时间去处理好情绪。一旦妈妈情绪崩溃，整件事情的发展趋势就不可控制，而且事情也会持续升级。每一个父母都要记住，教育孩子不是以暴制暴，教育的目的也不是让孩子对父母言听计从。常言道，父母是孩子的第一任老师，父母唯有情绪平和，孩子才不会成为一个乱发脾气的人。此外，父母作为孩子的榜样，在孩子面前树立了威信，也会让接下来的教育水到渠成。否则，父母说一套，做一套，如何能够给孩子当好示范，同时成功地帮助孩子戒骄戒躁呢？

遭遇情绪的红灯，父母一定要学会等待。有的时候，哪怕只是给自己5分钟的时间再去发泄情绪，都会起到截然不同的效果。作为一个人，当强烈想要做出伤害自己或者他人的举动时，首先要学会冷静、克制。如果觉得单纯地控制怒气很难，父母还可以转移注意力，多想一想孩子平日里乖巧懂事的地方，从而避免因为冲动做出无法挽回的恶劣行为。此外，数绵羊的方法不仅仅适用于失眠的情况，在即将要向孩子发怒的时候，父母也可以采用数绵羊的方式，一则拖延时间，给自己更多的时间恢复冷静，二则转移注意力，让自己全神贯注数绵羊，这样情绪的发泄就不会一发而不可收拾，也能尽量避免恶劣的后果。

从本质上而言，让父母控制好情绪对待孩子，并非是要求父母压抑自身的情绪，而只是要让父母避开情绪的失控巅峰，从而避免对孩子进行不恰当的教育行为。毕竟孩子的心灵是稚嫩的，孩子的承受能力也是有限的。为了保证对孩子的教育起到最好的效果，父母之间也可以相互配合，例如一个人唱白脸，一个人唱红脸，这样可以相互弥补，也可以及时给孩子受伤的心灵以安慰，或者对于孩子过于骄纵的行为进行纠正。在这样张弛有度的家庭教育中，孩子的天性才能得以自由发展，孩子的身心才会健康且坚韧不拔。

让孩子学会控制情绪

目前大多数家庭里都只有一个孩子，有的父母本身就是独生子女，又生了一个孩子，因而也就形成典型的4—2—1家庭结构。在这样的家庭结构中，一个孩子，享受四个祖辈的爱，享受父母的爱，真正是集万千宠爱于一身。由于孩子少，是全家人的命根子，所以父母不知不觉间就把孩子的哭声当成了对自己的命令，总是孩子一哭，他们就满足孩子的要求。渐渐地，就把孩子惯坏了。如今，很多孩子都养成了以自我为中心的坏习惯，不管做什么事情都从自身的需求出发，恨不得让整个宇宙都围绕着自己转，根本没有想到人外有人，天外有天，更不会主动为他人考虑。尤其是在长期的骄纵中，孩子习惯了被满足所有要求和欲望，因而他们丝毫不懂得克制，更不明白谦让的道理。他们毫无耐心，做任何事情都急功近利，稍有不顺心就大哭大叫。长此以往，虽然他们享受着丰富的物质条件，但是却从来不知道满足，而且也总是脾气急躁，性格极端。

明智的父母从孩子小时候开始，就会有意识地引导孩子学会控制情绪。例如，当孩子还是小婴儿的时候，听到孩子的哭声，如果查实孩子身体没有异样，他们不会当即抱起孩子，而是让孩子先哭一会儿，然后再抱起孩子。在西方国家，著名的延长满足的实验，实际上也是在考察孩子对情绪和欲望的控制能力。不管从自身成长的角度来讲，还是从社会交往的角度来讲，孩子都要学会克制和忍耐，才能让自己变得更加坚韧，也成为自己人生的主宰。

周末，爸爸妈妈带着小雅去游乐场里玩耍。因为是周末，游乐场里的人很多，大家都挤在好玩的项目前，想要玩个痛快。尤其是旋转木马，更是很多小女孩的挚爱，她们一次又一次地排队，一次又一次坐旋转木马。小雅在玩过其他的项目之后，也想来玩旋转木马。然而，轮到小雅的时候，旋转木马上的人已经坐满了，为此小雅生气地哭喊道："我就要玩旋转木马，我就要玩旋转木马。"管理人员耐心地向小雅解释："旋转木马的人已经坐满了，等到这一次玩过，下一次就轮到你了，好吗？"小雅生气地用脚踢工作人员，喊道："不行，不行，你是个坏人，你不让我坐旋转木马。"

这时，爸爸妈妈觉得很尴尬，也当即劝说小雅，小雅却不为所动，继续哭喊："臭妈妈，臭爸爸，我讨厌你们！"周围的人都议论纷纷："现在的孩子真是无法无天！""这孩子是怎么教的呀，肯定从小就被惯坏了！""这孩子真没教养。"爸爸妈妈恨不得找个地缝钻进去，但是小雅平日里在家就是这样，他们也无计可施。

在日常生活中，如果父母不注意教养孩子，不引导孩子学会克制和忍耐，那么随着孩子不断的成长，任性骄纵的行为就会越来越严重。很多父母总觉得孩子在家里娇惯一些没关系，殊不知，孩子如果在家里骄纵惯了，在家以外的地方也会非常骄纵，根本不能克制情绪，学会忍耐。

常言道，三岁看大七岁看老。其实就是说孩子从小的行为举止和表现，会对孩子的一生都起到重要的影响作用。所以父母一定不要过分宠溺和娇纵孩子，而要让孩子从小就认识到自己的每个要求不会都得到满足，自己所有的欲望也不会都得以实现。尤其是在孩子小的时候，父母更要教给孩子正确的是非观念，从而帮助孩子以理性约束自身的言行。也许孩子一开始做得不够好，但是只要孩子坚持去做，就会做得越来越好。在此过程中，父母也要坚持鼓励孩子，给予孩子更多的认可和奖励，这样孩子才会渐渐成长，不断走向成熟。

常言道，人生不如意十之八九，每个孩子不但在成长的过程中会面临各种挫折和磨难，即使长大成人走上社会，也依然会遭遇很多挫折和磨难，在这种情况下，有忍耐力、能够克制自己情绪的孩子，在失败面前会更加鼓起勇气重头再来，否则他们就会一蹶不振，彻底被失败打倒。

不要总是催促孩子

很多父母都喜欢催促孩子，还有些父母会抱怨孩子动作太慢，慢吞吞的，就像是小蜗牛。实际上，这是父母误解孩子了，因为他们不知道孩子内心的节奏原本就比成人慢。在小的时候，大多数孩子对于时间都没有明确的概念，所以他们不会主动自发地珍惜时间，也因为孩子各方面的能力都没有发育成熟，所以他们正处于人生中至关重要的学习阶段，因而他们往往情不自禁地进入学习的状态之中，全神贯注做好一件事情，而完全忘记时间的流逝。在这种情况下，父母如果不管不顾地催促孩子，一则会破坏孩子的专注力，二则会导致扰乱孩子内心的节奏和秩序，导致孩子的成长和发展受到限制。

父母要了解孩子的身心发展规律，而不要总是以成人的标准去要求孩子。要知道，只有极少数孩子会因为遗传因素的作用而天生是个急性子，除此之外，大多数孩子都会慢慢吞吞地做人做事，按照自己内心的节奏和规律去成长。还有的孩子是因为成长过程中的监护人或者照顾者是典型的急性子，因而也被催促得毛毛躁躁，这属于习惯性急躁。还有的孩子处在自我意识的萌芽期，对于父母所说的一切话都表示反对，急躁地说"不"，因而他也表现出性急的样子。总而言之，孩子并非都是天生性急的，对于孩子慢吞吞的行为表现，父母要接受，也要学会等待。时光对于孩子就是慢速的，就像电视里的慢镜头一样，有些心急的父母会因为孩子的落后而着急，却从未想到等到长大之后，孩子再想这么慢悠悠地生活几乎不可能。所以就珍惜孩子慢吞吞的成长时光吧，这样孩子才能顺应天性拥有好情绪，成长过程中的节奏也会更加舒缓。

陌陌是个乖巧的女孩，听话懂事，深得父母的喜爱。唯一让父母感到担忧的是，陌陌是个典型的慢性子，不管做什么事情都慢慢吞吞的，有的时候妈妈都急得火上房了，她还是不急不躁地做事。为此，妈妈经常催促陌陌。

尤其是上了小学三年级之后，陌陌的作业变得越来越多，原本只需要两个小时就能完成的作业，陌陌现在需要4个小时才能完成，为此陌陌每天晚上睡觉的时间都要到晚上9点半之后，有的时候要10点多。晚上睡得晚，陌陌早晨就不能按时起床，为此，陌陌起床很困难，总是哈欠连天。为改变这种状态，妈妈开始催促陌陌写作业。有的时候，妈妈还粗暴地给陌陌限定时间，要求陌陌必须在固定时间内完成作业。结果，才一个星期过去，老师就联系妈妈，询问："陌陌最近的家庭作业完成质量很差，辛苦你观察一下她写作业的时候出现什么问题，有什么异常。"妈妈一开始还纳闷，告诉老师陌陌完成作业没有任何异常，后来才意识到自己最近这段时间总是催促陌陌抓紧时间完成作业，一定是这样导致陌陌写作业只追求速度而忽略了质量。妈妈知道这样下去也不行，所以要求陌陌必须写得又快又好，还给陌陌报名参加练字班，从而帮助陌陌把字写得快一些。在妈妈和陌陌的共同努力下，陌陌完成作业的速度才得到有效提升。

盲目地追求完成作业的速度，而忽略了质量，这不能算作真正意义上给作业提速。只有把作业完成得又快又好，才是提升了做作业的效率。父母在催促孩子之前，一定要意识到导致孩子慢的原因是什么，这样才能帮助孩子有的放矢提升速度。如果盲目地催促孩子提升速度，只会导致孩子把事情做得糟糕，重新返工，更加耽误时间和浪费精力。

很多孩子都有拖延的情况发生，有些孩子之所以拖延，是因为他们面临艰巨的任务，因而觉得无从下手。为了帮助孩子加快速度，父母可以合理有效地帮助孩子分解任务，从而让孩子面对的大目标变成小目标，也让孩子充满信心，展开实际行动，逐一达到目标。龙应台曾经在一篇文章里写道，"孩子你慢慢来"，她说，拥有一个充满耐心、能够从容等待的母亲，是孩子们的福气。作为父母，一定要静下心来等待孩子用稚嫩的双手去做很多事情，用踉跄的小脚去丈量人生。只有慢慢来，孩子才会从容地长大，也静享人生的美好。

第 4 章

主动倾听孩子——沟通永远是叛逆期教育的第一步

很多孩子都觉得父母很烦，实际上，父母只是表达爱的方式不能让孩子接受而已。当孩子小时候，父母总是对孩子亦步亦趋，耐心细致地照顾孩子。而随着孩子不断成长，父母却没有调整好心态，甚至没有意识到孩子正在持续成长。在这种情况下，父母依然事无巨细地照顾孩子，然而渐渐长大的孩子不愿意再被父母无微不至地照顾，就导致孩子与父母的相处出现问题。

唠叨和责备，都是教育的误区

很多妈妈都爱唠叨，这是妈妈表达爱的一种方式，遗憾的是，孩子小时候也许对妈妈的唠叨不会过分抵触，但是随着不断成长，他们的自我意识越来越强，因而渐渐地对妈妈的唠叨就会心生抵触。其实，孩子厌烦唠叨完全是正常现象，作为妈妈不要指责孩子对自己感到厌烦，而是要给予孩子更多的理解，也主动反思自我，调整好思路，从而才能有的放矢地教育孩子，也言简意赅与孩子进行沟通。

对于唠叨和责备，有些父母陷入误区，总觉得越是唠叨，越是责备，越是能够不断地提醒孩子，实际上这是完全错误的。因为父母越唠叨和责备，越容易让孩子产生逆反心理，甚至导致孩子事与愿违，做事更加出现失误。作为父母固然要叮嘱孩子认真做事，但是也要讲究方式方法。父母要记住，唠叨不是沟通，责备不是教育，要想对孩子的教育事半功倍，就要采取正确的方法，从而让效率成倍增长。尤其是对于青春期的孩子，因为身心的快速发展，难免会状况百出，父母更不要对孩子提出过分的要求，而是要尊重孩子内心成长的节奏，从而给予孩子更多成长的空间。很多时候，哪怕父母把话说得天花乱坠，孩子也依然会按照自己的节奏去为人处世，父母明明想对孩子说一些知心话，孩子却还是不理解父母的苦心，甚至专门针对父母话中的漏洞，对父母吹毛求疵……如此一来，父母与孩子之间难免会发生各种冲突和争执，也会导致与孩子的沟通遇到更多的障碍。

父母要意识到，不是孩子不听话，而是父母不会说。当父母掌握正确的沟通方式，把话真正说到孩子的心里去，则孩子会理性倾听父母的教导，也会认真思考父母的话。父母千万不要认为孩子不听话，所以对孩子更加"纠缠"，总是缠着孩子说那些让孩子烦恼的话。对于父母的唠叨不休，青春期孩子会更加厌烦，也会故意与父母对着干。尤其是有些父母，总是把对孩子的唠叨当成沟通，也把责备孩子的话随时挂在嘴边上，导致孩子与父母的沟通出现问题，长此以往孩子必然对父母心生厌倦，甚至对父母产生敌意。在这种情况下，亲子沟通出现问题，父母与孩子的关系也会日益紧张。

15岁的皮皮，最近和爸爸妈妈的沟通越来越少。因为皮皮此前有过离家出走的经历，所以爸爸妈妈很担心皮皮，也尝试着和皮皮沟通。然而，爸爸妈妈问一句，皮皮就回答一句，有的时候爸爸妈妈不问皮皮，皮皮就一整天也不说话。当被爸爸妈妈问得烦了，皮皮还会索性甩手走人，根本不理会爸爸妈妈。

有一次，妈妈看到皮皮心情还不错，因而试探着问皮皮："皮皮，最近你怎么不爱说话了呢？其实，你要学着和爸爸妈妈沟通啊，因为爸爸妈妈都是真心为你好的，也很愿意与你坦诚沟通。"听到"沟通"二字，皮皮突然火冒三丈："沟通，沟通，你们那是沟通吗？总是动不动就骂我，总是强迫我接受你们的各种观念，我早就受够你们了。你们的沟通，是堵塞，还不如什么也不说的好呢！"听了皮皮的话，妈妈感到很委屈，然而静下心来想一想，又觉得皮皮的话很有道理。的确，爸爸妈妈都相对强势，总是要求皮皮必须听他们的，也总是强迫皮皮接受他们的意见，难怪皮皮这么怨声载道呢!

很多父母对于孩子最大的希望就是孩子听话，在他们心中，听话的孩子好管教，尤其是对父母言听计从的孩子，更是让父母省心省力。殊不知，听话的孩子看起来温顺，实际上内心走向两个极端：一个是没有自己的主见，养成了凡事都听父母意见的坏习惯；另一个是心里长期压抑，导致找到机会就想剧烈反抗。后者迟早有一天会对父母爆发，甚至导致与父母的关系破裂。而前者则唯唯诺诺，无法在人生中做出属于自己的成就。

至于孩子的学习，父母更无须过分唠叨。因为孩子的学习既有天赋的作用，也有后天努力和方法的作用。当孩子对学习三心二意的时候，很多父母强迫孩子学习，而当孩子说起自己感兴趣的歌星、球星时，父母却又一头雾水。实际上，父母要想与孩子更好地沟通，就要先尊重孩子的意见，也说些孩子感兴趣的话题，这样才能与孩子的心意更加贴近，也与孩子之间产生更多的共鸣，实现心意相通。

此外，父母要想了解孩子、走近孩子，就要了解青春期孩子的特点。通常情况下，青春期孩子的自尊心很强，也越来越渴望独立。由于对伙伴更加亲近，所以他们还很容易受到周围环境的影响，也常常不知不觉中就向朋友或者伙伴学习。在这种情况下，父母要有的放矢，针对青春期孩子的身心特点，对青春期孩子展开教育。在与孩子沟通时，父母要尊重孩子；在日常生活中，父母要以身作则，给孩子树立积极的榜样作用。最需要注意的是，父母不要随意就把孩子与其他孩子进行比较，也不要抱怨或者肆意批评、否定孩子。尤其是很多父母总是对孩子抱怨自己为了养育孩子成长付出了多少，或者以自己小时候的艰苦生活与孩子现在的幸福生活进行比较，其实这都是毫无意义的比较，因为父母与孩子生存的环境是完全不同的，根本没有可比性。为了多多了解孩子，父母一定要以鼓励孩子为主，也可以通过老师、同学从侧面了解孩子，这样才能全方位关照孩子，也给予孩子最大的激励和帮助，保证与孩子的沟通畅通。

父母会说话，孩子更爱听

很多父母都抱怨孩子不听话，实际上不是孩子不听话，而是父母表达的方式有问题。父母会说话，孩子更爱听。对于孩子而言，他们最愿意父母能把话说到他们的心里去，偏偏很多父母说话的时候都不讲究方式方法，总是无意间就伤害孩子的心，导致孩子的心门关闭，与父母的沟通出现严重的阻碍。

在青春期，孩子不听话的现象会表现得更加严重，很多父母都感慨让孩子往东，孩子偏偏要往西，似乎天生就是父母的冤家对头，就是来与父母对着干的。最让父母伤心的是，他们明明是为了孩子好，孩子却总是与他们对着干，甚至与他们产生各种纷争和意见，导致他们内心惶惑不安。父母的良苦用心都被孩子误解，也被孩子排斥和抗拒，有些父母索性放弃对青春期孩子的管教，任由孩子天马行空。然而，青春期孩子尽管叛逆和执拗，他们也正需要父母的指点和管教，因为青春期的孩子很容易受到周围环境的影响，所谓染之苍则苍，染之黄则黄。作为父母，要对青春期孩子起到积极的引导作用，从而才能保证孩子健康快乐地成长。

让很多父母都百思不得其解的是，为何自己明明认为对孩子好，但是孩子偏偏不愿听从父母的建议呢？这是因为大部分父母对于孩子都采取命令的语气说话，对于年幼的孩子而言，这样也许可以接受，但是对于已经进入青春期、越来越叛逆的孩子而言，他们根本不愿意对父母言听计从。

父母要想把话说到孩子心里去，要想让孩子接受父母的建议，就一定要尊重孩子，真正平等对待孩子。当孩子出现问题的时候，如果父母连问都不问，就直接冲着孩子去，只会导致孩子更加叛逆，完全不能把父母的话记在心里，还会故意与父母对着干。由此可见，父母要对孩子用心，要学会以恰当的方式与孩子沟通，更要站在孩子的角度上考虑问题，从而把话说得让孩子愿意倾听。

这次考试，皮皮的成绩很不好，回到家里蔫头耷脑的。妈妈看到皮皮的样子，猜出了个八九不离十。皮皮已经升入初二，到了关键时期，妈妈也很心急。看到皮皮的成绩单，妈妈耐心地询问皮皮："皮皮，这次考试成绩有所下滑，你觉得是什么原因呢？是否需要妈妈单独请一位老师，给你查漏补缺呢？"皮皮看到妈妈没有批评和训斥自己，也觉得很不好意思，因而对妈妈说："妈妈，我这次考得不好，你不怪我吗？"妈妈说："妈妈不怪你，毕竟你也想考好。不过，我们需要一起找原因，才能对症下药、查漏补缺，好吗？妈妈希望你先分析下试卷，看看自己哪里比较薄弱，然后再有针对性地补充。"皮皮惭愧地点了点头，当即拿出试卷开始认真地看起来。

没过多久，爸爸下班回来，妈妈怕爸爸批评皮皮，因而提前和爸爸说了皮皮考试的情况。爸爸答应妈妈先不急于批评皮皮，但是等到吃晚饭的时候，皮皮多吃了几个鸡腿，爸爸就对皮皮说："皮皮，你吃肉这么积极，学习怎么没见你这么积极呢？你要是对待学习和对待吃肉一样积极，考试也不至于考得这么差了。"听到爸爸的话，皮皮很伤心，含着眼泪走开,饭也没有吃完。妈妈责怪爸爸:"你干吗在吃饭的时候教训孩子啊,我都已经告诉你不要心急,他已经意识到自己没考好了。"爸爸说:"我一看到他吃肉的积极劲头,就觉得看不惯。"妈妈也放下碗筷,去安慰皮皮,让皮皮体谅爸爸的心急,并且表态会为皮皮请老师补课。

在这个事例中,妈妈是典型的会说话,所以说出来的话皮皮很爱听,爸爸则是典型的不会说话,因此说出来的话一下子就让皮皮眼中含着泪水,吃饭都没有了胃口。实际上,孩子学习成绩的好坏真的不是努力就能决定的,有些孩子天生擅长学习,有些孩子则天生就不擅长学习,哪怕再怎么努力,也无法把学习搞好。父母要正视孩子的特点,知道孩子擅长什么,不擅长什么,既要鼓励孩子努力学习,也要正视孩子在学习方面的不足,从而避免苛求孩子。对于孩子,还是要以鼓励为主,对于年幼的孩子,要多多陪伴孩子玩耍,而对于青春期孩子,尽管学习是重中之重,父母还是要关心孩子的心理健康和成长。

青春期孩子原本就处在叛逆的巅峰,父母一定要了解孩子的心理,掌握沟通的技巧,才能最大限度与孩子建立良好融洽的关系,也与孩子之间进行顺畅的沟通。当父母发现孩子总是对于他们的话充耳不闻的时候,首先要进行深刻的自我反省,从自身出发进行适当的调整,让自己以恰当的方式、缓和的语气与孩子沟通,这样才能让孩子更加积极主动地对父母说出真心话,也让与父母之间的沟通更加顺畅进行,这样就能起到事半功倍的效果。需要注意的是,即使父母非常关心孩子的学习,在与孩子沟通的时候,也不要把孩子的学习放在第一位,而让孩子觉得父母只关心学习。否则,青春期孩子敏感的心一定会有所觉察。

掌握批评孩子的艺术

还记得小时候吗？我们最害怕受到父母的批评，尤其是当学习成绩不好的时候，简直连回家都变成沉重的负担。然而，尽管如此，我们也依然要硬着头皮回家，承受父母数落和批评，甚至有些脾气暴躁的父母还会不由分说地狠狠揍孩子一顿。但是，这只是几十年前教育孩子的大众化方式，如今的孩子和以前大不相同，教育也对父母提出了新的要求。

每个孩子在成长的过程中都会犯错。即使成人，已经长大成熟，各方面能力也得以提升和发展，同样还是会犯各种各样的错误。新的教育理念告诉父母，不要随意批评孩子，更不要养成随便批评孩子的坏习惯。很多父母把批评孩子当成沟通，不管孩子说什么，他们总是当即否定孩子，渐渐地，孩子越来越缺乏自信，根本不能有主见地做很多事情。还有些父母总觉得孩子做的一切事情都是错的，总是能够鸡蛋里挑骨头挑出孩子的很多错误，严重打击孩子的自信心。其实，他们不知道，好孩子都是夸出来的。父母必须更加积极理性地面对孩子，才能让孩子更加有主见。否则，孩子就会习惯于听从父母的话，依附于父母，甚至在叛逆的过程中，渐渐地对父母关闭心门，杜绝沟通。

看到这里，也许有很多父母都感到郁闷：我自己生养的孩子，难道做错了事情，我连说他们两句的权利都没有吗？当然不是。在孩子犯错的时候，父母批评孩子天经地义，但是最重要的是，要讲究方式方法，而不要以错误的方式批评孩子，否则只会起到事与愿违的效果。很多孩子故意违反学校的规定，故意拖延写作业，甚至触犯到法律，父母当然要严肃批评孩子。然而，每个孩子的脾气秉性是不同的，这就注定父母要采取不同的方式批评孩子，而不要对所有孩子用相同的方法批评，也不要对孩子的不同错误一视同仁。只有采取孩子能够接受的方式来批评，孩子才能及时地反思和改正错误，而不会在错误的道路上越走越远。

在批评孩子的时候，父母一定要注意，首先，不要侮辱孩子的人格，更不要用那些带有明显负面意义的词语给孩子贴标签。父母要知道，孩子不是父母的附属品，更不是父母的私有物。虽然孩子因着父母来到这个世界上，但是他们有自己的人生，因而父母不要总是从主观的角度试图命令孩子，更不要因为对孩子不满意，就对孩子颐指气使。其次，批评要有建设性。很多父母对于孩子的批评总是老生常谈，不是抱怨，就是诅咒，对于孩子改正错误没有任何指导性建议，导致孩子虽然受到批评，却一头雾水，根本不知道自己应该怎么做才能更好，也不知道如何改进自己的言行举止。明智的父母不会把孩子批评得不知所措，而是会为孩子明确指出错误，然后也告诉孩子如何做会更好，这样孩子才能有的放矢地改进和完善自己。再次，父母既要为孩子制定规矩，在孩子违反规矩的时候惩罚孩子，在孩子表现良好的时候，让孩子得到相应的奖励。这样一来，孩子有奖有惩，才能张弛有度，得到良好发展。最后，孩子自尊心很强，父母一定不要当着他人的面批评孩子。否则，一旦伤害了孩子的自尊心，只会导致孩子破罐子破摔，根本不会主动提升和完善自我。

这次期末考试，小雨的成绩下滑了好几个名次，原本处于班级中下等排名的他，直接变成班级的后进生。对于小雨的表现，妈妈非常苦恼，但是妈妈也很清楚，不能一味地打击小雨，否则只会让小雨更加颓废沮丧，无法获得进步。

妈妈认真分析小雨的成绩，发现小雨的排名虽然下滑，但是小雨的绝对成绩却有所提升。例如期中考试时，小雨语文只考了78分，现在则考了82分，期中考试数学只考了66分，现在则考了74分。为此，妈妈对小雨说："小雨，你这次考试有很大进步啊，你看看，数学和语文都提升了好几分呢！"原本，小雨正因为自己在班级里的排名落后而担心呢，如今得到妈妈的表扬和认可，他简直一蹦三尺高，又有些不好意思地对妈妈说："妈妈，虽然我的成绩比上次高，但是我的排名落后了。"妈妈说："没关系，这证明这段时间你有进步，其他同学有更大的进步，那么接下来我们继续努力，争取把排名和成绩都提前一些，好不好？"小雨高兴地点点头，对妈妈说："好的，妈妈，我一定会努力的！"

如果只看排名，妈妈简直要火冒三丈，但是妈妈很聪明，她知道对于孩子应该以鼓励为主，而不要总是批评。为此，妈妈借着表扬小雨的机会，告诉小雨其他同学的进步比他的进步更大，从而激发起小雨的上进心，让小雨知道必须加倍努力，才能让成绩和排名一起进步。这样一来，妈妈也就达到了教育的目的，让小雨在学习上保持动力，再接再厉。

作为父母，当然都希望孩子出类拔萃，遗憾的是，不是每个孩子都能当学霸。所以面对孩子的学习，父母首先要保持平常心，而不要把学习视为比一切都更重要。父母对于孩子的批评，要采取孩子能够接受的方式进行，否则孩子就会陷入被动和困顿之中，也因为被批评而感到沮丧和难过。此外，批评还要讲究度。凡事皆有度，过度犹不及，当批评过度，就会对孩子起到相反的效果，也会让孩子在成长的过程中遭遇更多的困惑，承受过大的压力。记住，孩子不是学习的机器，除了学习，孩子的童年还有很多精彩的内容。父母一定要尊重孩子，真正平等对待孩子，才能让孩子快乐成长。

表扬要有技巧，才能事半功倍

面对青春期孩子，很多父母都会感到无奈，这是因为青春期的孩子非常叛逆，似乎已经达到油盐不进的程度。父母不管是批评孩子，还是表扬孩子，孩子都充耳不闻，满不在乎，长此以往，父母的信心都受到打击，完全不知道应该如何教育孩子。

实际上，和批评要讲究艺术一样，对于青春期孩子，父母的表扬也必须有技巧，才能起到一定的效果。正如人们曾经说过的那样，没有教不好的学生，只有不会教的老师。同样的道理，这个世界上没有不可救药的孩子，只有不懂得如何教育孩子的父母。每个孩子呱呱坠地时，就如同一张白纸。对于父母而言，如何在这张白纸上描摹着色，往往决定了孩子人生画卷的基调。所以幸运的孩子遇到懂教育的父母，能够健康快乐成长；不幸运的孩子遇到无知的父母，就只能承受父母盲目教育的摧残。

看到这里，相信很多父母都会忍不住扪心自问：我是懂教育的父母，还是对教育无知的父母呢？其实，没有人生而会当父母，父母是这个世界上最伟大的职业，偏偏每一个父母在真正上岗之前从未接受过任何培训和指导。因而人人当父母都是摸着石头过河，哪怕是已经有一个孩子的父母，在迎接第二个孩子到来时，也依然是新手父母，因为第二个孩子与第一个孩子是完全不同的。

同一个孩子，在人生中的不同阶段，他们的身心发展特点也是完全不同的。有的孩子小时候内向，长大了外向；有的孩子小时候喜欢说话，长大了却沉默寡言。总而言之，随着不断的成长，孩子在发生各种改变，父母也要怀着与时俱进的心态，与孩子一起进步，这样才能跟得上孩子成长的脚步。尤其是当孩子进入青春期，身心都在发生急速的变化，父母更要给予孩子更多的理解，也多多关注孩子的心理和感情，孩子才会得到父母的正确引导。

如今，随着赏识教育的不断推行，很多父母都开始对孩子开展赏识教育。然而，在孩子听腻了父母的表扬之后，父母也会发现表扬不管用了。还有的父母说自己的孩子就是不能被表扬，一表扬就表现越来越差。原因到底何在呢？其实，并非孩子对于表扬无动于衷，而是因为这些父母并没有真正掌握赏识教育的精髓，也不知道表扬的技巧，才会导致表扬泛滥，对孩子失去效力。

批评是一门艺术，表扬也同样是一门艺术；批评需要讲究技巧，表扬当然也要讲究技巧。并非一切的表扬都会对孩子起到积极有效的作用，如果表扬的方式不恰当，甚至有可能导致孩子陷入被动的状态之中无法自拔。父母在表扬孩子的时候，要注意以下几个原则。

第一，发自内心赏识孩子，真诚赞美孩子。很多父母在贯彻赏识教育的时候，总是在敷衍孩子，实际上孩子尽管还小，却能敏感觉察到父母的真实态度。因而父母表扬孩子一定要发自真心，也要真正关注孩子。

第二，表扬孩子要具体生动。如果父母对孩子的表扬总是干巴巴的，让孩子听到表扬之后没有任何感触，则孩子一定会无动于衷，渐渐地也会对父母的表扬失去兴趣。所以要想对孩子的表扬事半功倍，父母就要认真用心，也要组织能够真正打动孩子的词汇和语言，让表扬发挥强大的威力。

第三，当着他人的面表扬孩子。很多父母喜欢当着他人的面训斥和批评孩子，殊不知，这会严重伤害孩子的自尊心，甚至导致孩子记恨父母。

一直以来，中国父母都非常谦虚，尤其是当有人夸赞孩子的时候，他们往往会因谦虚而否定孩子，也不管是否当着孩子的面，是否会给孩子带来错误的自我认知。明智的父母会当着他人的面表扬孩子，从而让孩子对于自己有正确的认知，也因此而得到巨大的动力，表现得越来越好。

第四，假借他人之口表扬孩子。当孩子从父母口中听到他人的表扬，一定会为自己得到了那么多人的认可而感到骄傲和自豪，他们也会更加努力，从而让自己表现更好，前途似锦。

第五，发掘孩子的优点，表扬孩子不明显的优点。对于显而易见的优点，孩子也许已经得到很多表扬，为此他们非常努力。很多父母都会说自家的孩子没有什么特别明显的优点，其实并非孩子没有优点，而是因为父母忽略了孩子的优点，因而对孩子的优点视若无睹。父母要努力发掘孩子的优点，每个孩子都是既有优点，也有缺点的。对于父母而言，必须先看到孩子的优点，才能赞赏孩子的优点。当父母挖掘出孩子的优点大力表扬，孩子对父母一定非常惊喜，也会对父母心服口服。

常言道，好孩子都是夸出来的，明智的父母会真诚地夸孩子，为孩子的成长注入源源不断的动力。退一步而言，即使孩子不如父母所夸赞的那么优秀，他们也会朝着父母所夸赞的方向努力，从而坚持提升和完善自己。

沟通的方式有很多种

提起与青春期孩子的沟通问题，很多父母都会感到为难，因为他们不知道如何与孩子沟通，也常常因为沟通问题与孩子发生争执，甚至产生矛盾。实际上，沟通问题并非父母所理解的那么片面，要想与孩子更好地沟通，父母除了传统的沟通方式之外，还可以找到更多新奇的方法与孩子沟通，从而给孩子新鲜感，也让孩子乐于沟通，爱上沟通。

遗憾的是，很多父母都思维局限，总觉得与孩子沟通就是传统的交谈方式，通过交谈询问孩子的情况，了解孩子的内心。当孩子不配合、不愿意回答父母的询问时，沟通也就无法进行下去。其实，对于孩子而言，有时候，面对面的交谈让他们的感觉很糟糕。因为很多父母一旦与孩子沟通，就会情不自禁居高临下地对待孩子，甚至以命令的口吻强制孩子。殊不知，这对于孩子的成长没有任何好处，甚至还会因为父母强势的态度，导致孩子陷入困境。当父母唠叨太过频繁，孩子还会心生厌烦，非但不听从父母的建议或者意见，反而与父母对着干。其实，换个角度来看，如果父母是孩子，大概也不愿意一直被人喋喋不休。与此同时，父母也会觉得很委屈：我都是为了他好，他怎么就不理解呢？其实，当父母以爱的名义，打着爱的旗号对孩子好，这样的好对于孩子而言很有可能变成沉重的负担。

在手机还不流行的时候，聪明的父母就想出另一种方式与孩子沟通，那就是写纸条。大名鼎鼎的教育家卡尔也曾经说过，把对孩子的话写在纸条上，让它们变成文字，无形中就加重了它们的分量。一些有心的父母还会准备亲子日记，也就是说父母和孩子都可以在这个日记本上写日记，记下某件事情，或者某个时刻的心情。因为这本日记是共用的，所以就像是亲子沟通的一个窗口一样，每当父母想了解孩子，或者孩子想知道父母的想法时，就可以通过阅读日记，加深对对方的了解。

如今，随着电子通信产品的不断发展，手机几乎人手一部，很多孩子才上小学就有手机。这种情况下，如果父母不想以纸条或者日记与孩子沟通，而想让沟通实现及时有效，就可以通过发短信、微信或者QQ消息的方式，与孩子进行及时沟通，还可以与孩子进行实时互动。借助于手机，很多亲子之间原本不好意思直接说出来的话得以表达，也有利于增进亲子感情。

正处于青春期的皮皮与父母的沟通出现严重问题，他们总是一张口就要吵架，或者彼此不服气，谁也不愿意低头、妥协。有一次，皮皮因为一个小问题和爸爸妈妈发生争执，居然一整个星期都没有和爸爸妈妈说话。爸爸妈妈看着沉默寡言的皮皮，既着急，又不知道如何打破僵局。

有一天，妈妈在和同事闲聊的时候，得知青春期的孩子都是这么叛逆，而且不乐于沟通。受到同事的启发，妈妈决定也给皮皮写纸条。正巧要进行期中考试，为此妈妈早早起床为皮皮做好早餐，然后留了一张纸条在皮皮的床头，纸条上写着："亲爱的皮皮，祝你考试顺利。爱你的爸爸妈妈。"看到这张字条，吃着美味的早餐，皮皮的心底里感到很温暖而又很柔软。

在这个事例中，正处于青春期的皮皮和爸爸妈妈的相处变得很艰难。幸好，爸爸妈妈还是很有心的，尤其是妈妈，积极地寻求解决办法，以写纸条的方式与皮皮进行沟通，让皮皮因为叛逆变得坚硬的内心柔软起来。这样一来，皮皮当然会更加积极主动处理好与爸爸妈妈之间的关系。

从本质上而言，亲子关系也是普通人际关系的一种，也是需要用心维护才能进行下去的。尤其是在现代社会，父母与孩子之间的沟通不仅仅限于语言交流这一种方式，方便快捷的沟通方式越来越多，父母要学会利用这些现代化通信手段与孩子之间进行沟通，从而保持亲子沟通的渠道畅通，也让与孩子的沟通事半功倍，加深亲子感情。

　　需要注意的是，不管以怎样的方式与孩子进行沟通，父母都要以尊重孩子为前提，在与孩子进行语言交流的时候，一定要平等对待孩子。因为人生经验的限制，很多孩子看待问题的视角和深度都与父母不同，听到孩子稚嫩的表达，父母一定不要嘲笑孩子，而是要真诚地引导孩子，给予孩子耐心的指导，这样与孩子的相处才会更加顺利，父母也才会得到孩子的真心认可和信赖。

第 5 章

帮助孩子战胜自卑——多鼓励、多赞扬让孩子自信启航

如今，很多孩子虽然是家里的小霸王，但是一旦离开熟悉的家庭环境，离开亲人无微不至的照顾和无限度的满足，他们马上就原形毕露，变得非常自卑。这是因为孩子习惯了一切都依赖他人的照顾，又因为缺乏独立生存的能力，所以他们常常陷入自卑的困境中。为了帮助孩子战胜自卑，父母一定要多多鼓励和赞扬孩子，让孩子重新燃起自信的风帆。

父母不攀比，孩子有信心

每个孩子都是独立的生命个体，既有优点，也有缺点，而且每个孩子所擅长的都是不同的，例如，有的孩子擅长跑步，有的孩子擅长跳远，有的孩子擅长手工，有的孩子喜欢读书。孩子尽管因着父母来到这个世界上，却不是父母的附属品，更不是父母的私有物，作为父母，一定要更加积极主动地帮助孩子，发掘孩子的优点，而不要把孩子作为攀比的资本，常常将孩子去与其他人进行各种比较。当父母习惯于拿孩子进行攀比，特别是把孩子与更优秀的人进行各种比较，则孩子一定会感到很自卑。

一味地攀比，并不能使孩子鼓起勇气去进步。很多父母在把孩子与其他人比较的时候，还常常给孩子设定过高的目标。殊不知，过高的目标只会让孩子自暴自弃，自我放逐。父母唯有理性看待孩子，努力发掘孩子的优点和孩子不为人知的闪光点，才能帮助孩子建立自信。

作为一名五年级的小学生，小丽总是感到非常自卑，而且常常在他人面前抬不起头来。实际上，小丽的学习成绩位于班级的中上等水平，还算不错，那么为何小丽总是这么自卑呢？原来，小丽妈妈非常喜欢攀比，总是把小丽的成绩与班级里的学霸盈盈的成绩进行比较。

盈盈的爸爸妈妈和小丽父母在同一个单位工作，他们两家住得也很近，盈盈家住在单位宿舍楼的五楼，小丽家住在单位宿舍楼的三楼。这不，期末考试刚刚结束，才拿了素质报告书，小丽妈妈就问盈盈妈妈：

"盈盈考得怎么样？"盈盈妈妈骄傲地说："门门都是第一，算是好运气，生了这么个省心的闺女。小丽呢？"听到盈盈妈妈的回答，小丽妈妈就觉得自己矮人三分。小丽妈妈说："哎，别提了，小丽的学习和盈盈可没法比。小丽门门都才考到第十几名，我看小学阶段是没指望能追赶上盈盈了。"

回到家里，妈妈又开始老生常谈，饭碗一端，就开始数落小丽："小丽啊小丽，我的脸都被你丢尽了。你说你，每次考试都与盈盈差那么多，哪怕盈盈考第一，你考个第二或者第三也行啊。咱们家住三楼，你可别把学习也当成爬楼，总觉得自己要位于盈盈之下。你也和我跟爸爸学习学习，我跟爸爸在工作上可从未输给任何人，我们年年都是先进，现在都被你弄得抬不起来头了。"听了妈妈的话，小丽的头低低的，才吃了几口饭就回房间了。

在这个事例中，小丽的学习成绩一直非常稳定，位于班级中上等，对于很多孩子学习成绩很差的父母而言，这已经是很好的情况了。但是妈妈偏偏不知足，就是要把小丽与盈盈比。妈妈不知道，不是每个孩子都能当学霸。学霸除了要勤奋刻苦之外，在学习方面还有很大的天赋，而如果孩子天生对于学习就资质平庸，只怕再怎么努力也无法成为学霸。正是因为妈妈一而再再而三的比较，才让小丽变得越来越自卑，学习上非但没有进步，只怕妈妈继续这样比较下去，反而还会退步呢！

父母望子成龙、望女成凤的心情是可以理解的，但是如果从此之后就把孩子当成攀比的对象，过分苛刻地要求孩子，则非但无法激励孩子进步，还会因为盲目地比较导致孩子不断地退步。尤其是有些父母热衷于反复比较，更会消耗孩子的自信心，导致孩子在人生的道路上陷入困境。作为父母，尤其不要拿孩子的缺点与他人的优点进行比较，因为这对孩子是极其不公平的。父母要知道，尺有所短，寸有所长，每个孩子也都有自身的优势和与众不同的地方。从本质上而言，不同的孩子原本就没有可比性，因为每个生命都是这个世界上特立独行的存在，即使一母同胞的双胞胎也是不同的。如果真的想攀比，不如反思自己的教育方法，也与优秀父母的教育方法比较，这样才能不断地提升和完善自己的教育方法，从而给予孩子更好的教育，这对于孩子的成长是非常有利的。

多以肯定的语气与孩子沟通

很多父母对于孩子的成长怀有很大的误解，他们总觉得孩子年纪小，缺乏生活的经验，因而从不信任孩子，更不愿意把重要的决定交给孩子去做。正是在这种错误思想的引导下，父母总是习惯于以否定的语气和孩子沟通，也常常直截了当、不假思索就否定孩子的所思所想和所作所为。渐渐地，孩子对于自己也更加没有信心，而且在做人做事的时候总是内心发虚，总觉得自己一不小心就会犯各种各样的错误。渐渐地，父母又会因为孩子缺乏主见、唯唯诺诺而烦恼，殊不知，这都是父母不正确的教养方式导致的。

孩子还小，他们对于自我的认知能力有限，无法正确认知和评价自己。为此，很多孩子对于自己的评价往往来自父母对他们的评价，由此可见，父母对孩子的态度和认可程度，影响孩子的自我认识，也影响孩子一生的发展。明智的父母会注重培养孩子的自信心，多多认可和鼓励孩子，在与孩子沟通的时候也尽量使用肯定的语气，帮助孩子提升信心。而缺乏教育意识的父母，则处处否定孩子，批评孩子，导致孩子对于自己缺乏正确认知，也常常因为各种各样的事情陷入自卑和苦恼之中。由此可见，教育孩子是一个漫长的过程，而且需要父母思虑周全，面面俱到地把每件事情都做好，也把每句话都说得恰到好处。

菁菁的语文成绩始终很好，还写得一手漂亮的文章。为此，语文老师非常疼爱菁菁，也把菁菁当成手心里的宝。有一次，学校里要选出代表参加县里的作文比赛，老师准备把菁菁的名字报上去，让菁菁参加选拔赛。不想，菁菁却连声拒绝："老师，我不行，我不行，我真的不行！"老师嗔怪道："怎么不行！老师知道你写得一手好文章，你一定行的！"虽然老师再三做菁菁的思想工作，菁菁却依然推三阻四，无奈之下，老师只好和菁菁妈妈联系，让妈妈做菁菁的思想工作。

出乎老师的预料，当老师告诉妈妈要推荐菁菁去参加作文比赛时，妈妈非但不感到惊喜和支持，反而对老师说："她能行吗？我觉得她从来做什么都不行呢！老师，您要是有更好的人选，还是先选别人。要是实在没人可去，再让菁菁去吧。"听到妈妈的话，老师简直觉得啼笑皆非："菁菁妈妈，这个机会可是很难得呢，你应该鼓励菁菁啊。而且，菁菁是一个很优秀的孩子，你怎么能说她什么都不行呢！要是你们当父母的都这么说，孩子哪里来的信心啊？"在老师的一番教育下，妈妈意识到她对于菁菁的态度是错误的，因而大力鼓励和支持菁菁。在妈妈和老师齐心协力的鼓励与支持下，菁菁这才鼓起勇气参加了学校的选拔赛。最终，菁菁不但成功通过选拔赛，还在县里的作文比赛中获得了二等奖呢！

妈妈对于菁菁的评价偏低，还否定菁菁，所以，菁菁对于自己的评价也是偏低的。其实，为了保护孩子的自信心，父母在与孩子沟通时，一定要注意方式方法，千万不要把否定孩子当成习惯，总是张口就否定孩子。曾经有一位女士嗓音优美，但是她从来不敢当众唱歌，据说，她小时候被爸爸说成是五音不全，所以就总是否定自己，从来不敢当着他人的面开口唱歌。在家庭生活中，很多父母习惯于批评和否定孩子，这对于孩子的成长绝无好处。

父母总是说孩子不理解父母的爱有多么深沉无私，实际上，父母同样不知道孩子对他们有多么依赖和信任。有的时候，哪怕是父母一句无心的话，都会对孩子产生巨大的负面影响，因而父母在与孩子沟通的过程中，一定要少一些负能量的语言，多以正能量的语言给孩子鼓劲。当孩子做错事情的事情，父母也不要不分青红皂白就否定孩子，而是要真正发自内心地尊重孩子，平等对待孩子，也给予孩子更多的认可和鼓励。需要注意的是，父母在肯定孩子的时候，要说出孩子具体的表现，而不要总是以"你真棒""你很优秀"等来敷衍孩子，否则日久天长，这样的认可就会失去效力，也有可能导致孩子盲目自信。

多多发掘孩子的闪光点

曾经有著名的心理学专家说过，每个人的身上都蕴含着巨大的潜力，这种潜力是不可估量的，也是能够创造奇迹的。看到这里，也许有的父母会感到纳闷：为何我的孩子没有潜力呢？其实，不是孩子没有潜力，而是父母在以偏概全的家庭教育中忽略了孩子的潜力，尤其是当父母的眼睛只顾盯着孩子的学习的时候，则他们的眼里只有成绩，而根本看不到孩子身上更多的闪光点。

在一板一眼的僵硬教育模式下，孩子就像是流水线上的商品一样整齐划一，实际上这对于发展孩子的天性没有任何好处。明智的父母知道，孩子不是螺丝钉，不可能所有孩子都呈现出相同的样子。为此，现代教育提倡对孩子因材施教，根据每个孩子不同的特点，对作为个体的孩子有的放矢展开教育。父母必须知道，孩子的潜力是不会明显表现出来的，只有父母用心观察孩子，多多发掘孩子的闪光点，才能发现孩子的潜力，也才能给予孩子最好的成长。

当然，每个孩子的潜力表现都不相同。有的孩子很喜欢收拾东西，玩过玩具之后会收拾整齐，放到原来的地方；有的孩子喜欢绘画，每当画画的时候就专心致志，全神贯注，而且画出来的作品充满灵气；有的孩子喜欢跑步，从小就是飞毛腿，长大了更是跑得飞快，如同一阵风一样；有的孩子擅长写作，很小的时候就喜欢写作文，而且文采斐然……每个孩子都有自己的潜力，他们的潜力与众不同，如果能够得到大力发展，必然会有璀璨的未来。作为父母，必须用心发现孩子的潜力，才能最大限度保护和发展孩子的潜力，也让孩子的人生变得与众不同、精彩充实。

小武真是人如其名，从小就喜欢舞枪弄棒，到了小学高年级阶段，爸爸妈妈就给小武报名参加了武术兴趣班。没想到还真是歪打正着，老师说小武是个练习武术的材料，小武呢，对于武术学习也兴趣浓郁。

转眼之间，小武已经升入初中，因为担心学习武术会影响小武的学习，妈妈强制要求小武停止练习武术。对此，小武非常抗拒，但是妈妈却不由分说，擅自做主地停了小武的武术兴趣班。小武气得离家出走，居然一个人跑到少林寺，还扬言再也不上学了。妈妈意识到自己的粗暴方法激起了小武的逆反心理，因而和爸爸去少林寺把小武接回家，答应小武可以继续练习武术，但是必须保证文化课的学习。后来，小武在武术方面日渐精进，还在全国的武术大赛上获得了第三名的好成绩呢！此后，小武成为一名武术行家，而且还因此被导演看中，走上了武星的道路，事业发展得风生水起。

如果小武自己没有抗争，而是顺从妈妈的意思放弃学习武术，那么学习成绩普普通通的他，根本不会取得这么好的成就。每个人都有潜能，小武的潜能就表现在对武术的学习和精通方面。幸好小武努力争取到继续学习武术的机会，也在武术领域做出了独特的成就，从而才拥有了充实传奇的一生。

要想发掘孩子的潜力，父母还要学会尊重孩子的兴趣爱好，也保护孩子的兴趣爱好。很多父母望子成龙、望女成凤心切，已经把兴趣爱好变了味道，总是给孩子报名参加各种各样的培训班、补习班。殊不知，成长不是舍本逐末，当父母为了督促孩子学习，而牺牲了孩子真正的兴趣爱好，也许会对孩子的一生都造成不可挽回的影响。明智的父母知道，孩子的学习固然重要，但是孩子真正感兴趣去做的事情更加重要。他们会用心观察孩子，当发现孩子表现出极大的兴趣专心致志地做某件事情的时候，他们会尊重孩子，耐心等待孩子，而不会随随便便打扰孩子。

潜力蕴含在孩子的生命之中，未必以某种轰轰烈烈的方式表现出来，而是会渗透在孩子各种微小的表现之中。需要注意的是，不管孩子的潜力表现出来的样子是否符合父母的期望，父母都要尊重孩子的选择，而不要试图强制改变孩子的发展方向。正如人们常说的，兴趣是最好的老师，实际上，孩子唯有在自己感兴趣且擅长的领域内，才能有好的发展，也才有可能获得最大的成功。

全力以赴，帮助孩子建立自信

每个小生命从呱呱坠地开始，就接受父母无微不至的照顾，在父母全方位的关照下，他们逐渐地成长，最终开始走出家庭，走入社会。与此同时，成长对于孩子也不再是水到渠成的事情，因为他们不再是只需要满足吃喝拉撒等基本的生理需求，而是有了更多的精神需求和感情需求。

孩子从一出生就习惯了接受父母的照顾，在父母的安排下按部就班地生活，所以一旦离开父母孩子就会感到非常紧张焦虑。如果孩子始终带着紧张焦虑的情绪面对生活，他们就会变得越来越自卑，缺乏自信。然而，如果父母能够有意识地引导孩子增强自身的能力，挑战很多难关，则孩子在不断突破自我的过程中，会不断地成长和成熟起来。

父母即使再爱孩子，也不可能永远陪伴和保护着孩子，所以人们说父母的溺爱是对孩子最大的伤害，明智的父母不会一味地溺爱孩子，而是在抚养孩子成长的过程中，抓住各种机会让孩子锻炼能力。等到父母逐渐老去，不再能够为孩子支撑起一片天，孩子就要照顾父母。如果孩子能力不足，又如何能够为父母支撑起一片天地呢？因而对于逐渐长大的孩子而言，父母最重要的不是照顾孩子的吃喝拉撒，而是要把重心转移到关注孩子的心灵，丰富孩子的感情，尤其是要帮助孩子建立自信。

有自信心的孩子和没有自信心的孩子，看起来是截然不同的。父母必须及时发现孩子的闪光点，挖掘孩子身上与众不同的地方，并且以恰到好处的方式肯定和鼓励孩子，这样才能稳定孩子的信心，让孩子变得坚强乐观，绝不会在人生的困厄和逆境中轻易缴械投降。

要想帮助孩子建立自信，父母就要多多注意，绝不打击孩子，绝不传递给孩子负能量，而是积极地鼓励孩子，支持孩子，给孩子面对和承担的勇气。

一天晚上，小丽正在写作业，遇到一道不会做的附加题，于是拿过去请教爸爸。爸爸看了看题目，觉得有一定难度，因而漫不经心地对小丽说："这是附加题啊，可以做，也可以不做。你看看你要是想做就做，不想做的话，可以明天到学校里问问老师或者同学。"小丽原本就有些畏难情绪，听到爸爸这么说，当即泄气，说道："那我还是不做吧，反正每次都有很多同学不做，老师也不会重点讲的。"听着小丽说完，爸爸意识到刚才自己的态度误导了小丽，于是当即又改变语调，鼓励小丽："小丽，其实这道题也没有那么难，只是比你们平日里做的题目多拐了一个弯而已。"小丽说："但是，我真的不会。"

爸爸灵机一动，想到小丽前几天还做了一道英语附加题，因而对小丽说："小丽，前几天的英语附加题你还记得吗？看起来难，不过认真读题，还是可以做出来的。你再仔细想想，我相信你一定能够做出这道题。"在爸爸的持续鼓励下，小丽把题目给出的条件都列举出来，果不其然，小丽真的把题目做出来了。小丽高兴地又蹦又跳，爸爸说："小丽，看看吧，你的潜力是无穷的。你要相信自己的能力，只要自信，就一定能行。"这时，小丽有些沮丧，说："但是，我不管多么努力，都追不上盈盈。"爸爸看着小丽失落的样子很心疼，说："小丽，不要和盈盈比，不可能所有孩子在学习方面都是一样的表现。你只要比从前的自己有进步，这就很好，知道吗？"小丽点点头。

在这个事例中，小丽在做数学习题的时候遇到困难，爸爸一开始不假思索说出的话给了小丽一定的误导，导致小丽根本不愿意继续努力思考，认真完成题目。幸好爸爸及时感知到小丽的情绪变化，也第一时间就改变语气，鼓励小丽，这样小丽才能鼓起信心和勇气，靠着自己的力量战胜难题。

很多时候，父母无心的一句话就会让孩子信心全无，因而在与孩子相处的过程中，父母一定要以恰当的方式赞许和鼓励孩子，帮助孩子建立自信心。与此同时，还要注意中肯地表扬孩子，从而避免夸大其词，导致孩子产生骄傲的负面情绪。在任务非常艰巨的情况下，为了避免孩子因为畏难而彻底放弃，父母还可以引导孩子分解任务，也就是把艰巨的任务划分为细小的任务，从而一步一步去完成，逐个击破，让孩子在短时间内就能获得小小的成功和成就，从而帮助孩子建立信心，让孩子在人生的道路上扬帆起航。

良好的家庭环境，是孩子成长的沃土

很多父母抱怨孩子不知道父母的良苦用心，实际上，作为父母，同样不知道和谐融洽的家庭氛围、幸福美好的家庭生活，对于孩子而言意味着什么。随着社会的快速发展，如今，很多夫妻之间都出现了感情的变故，由此导致婚姻破裂，家庭支离破碎。如果没有孩子，离婚的影响还相对小一些。如果夫妻已经有了孩子，则孩子就会成为父母离婚的最大受害者。

孩子从呱呱坠地开始，就接受父母无微不至的照顾，良好的家庭环境让他们健康快乐地成长。对于孩子而言，家庭就是他们成长的沃土，父母就是他们在这个世界上唯一的依靠。当父母变成两家人，惶惑的孩子总是不知道该跟着爸爸还是跟着妈妈。然而，不管跟着爸爸还是妈妈，一旦爸爸妈妈重新组建家庭，孩子就会在与继父或者继母的艰难相处中生存，这无疑是很为难孩子的。因而有人说，父亲给孩子最好的爱，就是爱孩子的妈妈。其实，对于妈妈而言又何尝不是如此呢？妈妈对孩子最好的爱，也就是爱孩子的爸爸。只有在爸爸妈妈彼此相爱的家庭里，孩子才能感受到安全感，也才能健康快乐地成长。

小丽的爸爸妈妈因为感情出现问题，开始闹离婚。为此，原本成绩稳定在班级中上等水平的小丽，学习成绩一落千丈，成为班级里的后进生。对于小丽的成绩下滑，老师感到非常纳闷，因而特意把小丽的妈妈叫到学校来了解情况。老师还向小丽妈妈反映："最近上课的时候，小丽常常心神不宁，心不在焉。"在老师的询问下，妈妈忍不住伤心地哭起来。妈妈告诉老师："小丽爸爸出轨了，我们正在闹离婚。"听到妈妈的回答，老师也长吁一口气，说："我当老师这么多年，因为父母婚姻变故而导致学习成绩一落千丈的孩子不在少数，可以说，当婚姻变故的时候，最大的受害者就是孩子。对于孩子而言，家就是他们的天，就是他们的地，就是他们赖以生存的一切。希望你们能妥善处理好大人的问题，不要让婚姻变故殃及无辜的孩子。"

和老师沟通之后，妈妈把小丽的情况也告诉爸爸。为了避免影响小丽，原本闹得不可开交的爸爸妈妈决定悄悄地协议离婚，不再因为所谓的财产问题等给小丽带来严重的负面影响。后来，妈妈只是告诉小丽，爸爸要出去住一段时间，虽然家里没有了爸爸，但是好歹恢复了平静。而且，每到周末，爸爸也会来接小丽一起出去玩。渐渐地，小丽的情绪恢复平静，学习成绩也稳步上升。

父母不是孩子，永远也不会知道当孩子听说父母要离婚的消息时，心中的震惊、绝望和无奈。很多人都说婚姻是两个人之间的事情，的确，在婚姻生活中没有孩子的情况下，婚姻的确只属于夫妻，但是一旦婚姻生活有了孩子的参与，婚姻就不仅仅属于夫妻，也属于孩子。父母把孩子带到这个世界上，就要对孩子的成长负责，就不能让自己一时的任性妄为，给孩子带来无法弥补的创伤。事例中，老师说得很对，父母在离婚的时候一定要第一时间考虑孩子的感受，而不要觉得孩子还小，就对孩子各种隐瞒和忽视。对于有一定选择能力的孩子而言，在决定孩子到底跟着谁一起生活的时候，还要考虑孩子的意见，尊重孩子的选择。

对于孩子，有些父母的想法都太简单了，他们觉得只要供给孩子吃喝拉撒，保证孩子有丰厚的物质条件，就算尽到了对孩子的抚养责任。其实不然，孩子的成长除了物质方面的需求之外，更需要在精神和感情上得到满足。对于孩子而言，家不仅是一个能够满足基本生理需求的地方，更是他们的精神和感情寄托所在。每个家庭都应该照顾到孩子的精神需求和情感需求，也要最大限度满足孩子的成长需要。父母还要把家营造成一个充满爱的地方，给予孩子足够的安全感，让孩子在父母的照顾中健康快乐地成长。

错误是孩子进步的阶梯

人非圣贤，孰能无过。别说是孩子，就算是成人，也不能保证自己绝不犯错误。为此，父母必须端正思想，意识到孩子的成长就是踩着错误的阶梯不断前进，而不要因为孩子犯错就严厉地训斥孩子，更不要因为错误而给孩子贴标签，毫不留情地否定孩子。只有父母的宽容和鼓励，才能让孩子鼓起勇气继续做很多有难度的事情，如果孩子一犯错，父母就严厉批评孩子，只会导致孩子畏畏缩缩，止步不前，也会使得孩子在成长的道路上受到极大的禁锢，无法顺利发展。

很多父母张口就责怪孩子，甚至不问青红皂白，长此以往必然给孩子带来很大的压力，也导致孩子在成长过程中变得畏缩不前。从本质上而言，孩子是有理由犯错的，因为孩子还小，能力不足，水平不够，而且还缺乏人生经验，这导致孩子在处理很多问题的时候都不能准确到位。尤其是对于青春期孩子而言，他们正处于半大不小的年纪，自以为能处理很多事情，自以为长大了，但实际上能力和水平不足，使得他们在做很多事情的时候，都会出现失误。当孩子故意犯错的时候，父母可以了解孩子错误背后的原因；当孩子因为能力不足犯错，父母要告诉孩子多多练习，才能不断提升能力；当孩子无意犯错，父母要理解和宽容孩子；当孩子为了探索和求知而犯错，父母要鼓励孩子无所畏惧，继续在人生的道路上勇往直前。总而言之，孩子犯错的原因不同，父母也要对孩子采取不同的应对策略，不要因为错误而禁止孩子做某件事情，而是要多多鼓励孩子，也从正面帮助孩子。

当因为孩子犯错而批评孩子的时候，父母还要注意表达的方式。父母批评孩子一定要就事论事，而不要因为孩子没有做好某件事情，就全盘否定孩子此前的优秀表现。例如，有的孩子学习成绩不好，有些心急如焚的父母就会打击孩子，甚至指责孩子太愚蠢、太笨拙。实际上，哪怕孩子真的没有学习的天赋，也不代表孩子在其他方面没有独特的能力。作为父母，要有的放矢地指正孩子，也就是在为孩子指出错误的同时，告诉孩子如何有效改正错误，这样才能让孩子马上改正。很多父母被气愤冲昏了头脑，只顾着批评孩子，丝毫没有意识到孩子也是有苦衷的，更没有想到孩子的心灵非常稚嫩，是需要细心呵护的，导致孩子自尊心受到伤害，探索的兴趣也受到打击，为此孩子非常郁闷，从此之后再也不愿意轻易尝试去做任何事情。

在这个世界上，除了上帝之外，有谁会不犯错误呢？当发现孩子犯错，父母还要从孩子的错误之中找到闪光点，从而帮助孩子健康快乐地成长。当孩子犯了错误非但没有被批评，反而得到父母的认可和赏识，相信他们一定会积极主动地改正错误，也会最大限度提升和完善自我。

有一天，妈妈正在厨房里做饭，乐乐端着一杯水送给妈妈喝。也许是因为厨房的地面上有水，乐乐快要走到妈妈面前的时候，突然一个趔趄，把杯子摔落地上，不但一杯水洒得到处都是，而且钢化玻璃杯的碎片把地面上新铺的瓷砖也砸掉了一块釉面。看到后果这么严重，乐乐当即哭丧着脸，对妈妈说："妈妈，对不起，我错了，我应该小心拿着杯子，看着脚下。新瓷砖都被砸坏了，这可怎么办呢？"看着乐乐紧张的样子，妈妈赶紧安抚乐乐："没关系，你不是故意的。不过下次要小心点儿，因为厨房的地面上经常会有水，甚至有油，这要是玻璃杯摔碎了，把你划伤，那就糟糕了。"

乐乐还是很担心："那瓷砖怎么办呢？"妈妈说："没关系，等我抽空找点儿美缝剂勾补一下吧。你能主动端水给妈妈喝，是因为知道妈妈做饭很辛苦，这说明你长大了，也懂事了。"得到妈妈的认可，乐乐含着眼泪又笑起来，问："妈妈，你真的不怪我吗？"妈妈摩挲着乐乐的脑袋，说："我的儿子长大了，妈妈高兴还来不及呢！"后来，乐乐每次端水杯或者碗盘的时候，都非常小心，再也没有摔过东西。

换一个脾气暴躁的妈妈，也许当即就会冲着乐乐大吼大叫，责怪乐乐把新铺的地砖砸坏了。这样一来，乐乐以后再也不会为妈妈做任何事情，更不会主动端水给妈妈喝。幸好乐乐妈妈是非常明智的，她知道孩子的孝心比任何东西都更珍贵，因而她非但没有批评乐乐，还表扬乐乐很关心妈妈，从而帮助乐乐消除了紧张情绪，也认可了乐乐的优点。

没有人天生就会当父母，在教育孩子的过程中，父母一边陪伴孩子成长，一边积累抚养孩子的经验，尽自己最大的力量，把孩子教育得更好，也让自己成长为更合格且优秀的父母。不管孩子犯怎样的错误，父母都不要当即否定孩子，而要了解孩子犯错误背后的原因，这样才能避免误解和委屈孩子。尤其是当父母从孩子的错误中发现优点时，不但有助于激励孩子继续把优点发扬光大，也有助于孩子真心诚意地接受父母的批评和建议，对于孩子改正错误极有好处。

尊重孩子的主见

当孩子长大成人，应该有能力支撑起人生的一片天地时，父母却遗憾地发现孩子已经依赖成性，毫无主见，无法成功地支撑起自己的人生，更不能对父母尽到赡养的责任和义务。父母这个时候再感到懊悔，显然为时晚矣。实际上，孩子并非生而没有主见，大多数孩子之所以总是唯唯诺诺，凡事都依靠父母去解决，遇到选择题的时候根本不能当机立断做出决定，就是因为他们从小就接受父母无微不至的照顾，从来没有机会自己做决定，发表自己的意见，更没有机会自己当家做主。对于父母而言，在孩子年幼的时候，这样听话是很便于管教的，也几乎从不给父母添麻烦。遗憾的是，时光总是悄然无声地流逝，孩子终究要长大，终究要独自面对人生。等到父母老了，满头白发，孩子看起来长得身强体壮，但是内心却胆小怯懦，没有主见，根本无法独立生活。不得不说，这不管对父母而言，还是对孩子而言，都是最大的悲哀。

要想培养孩子的主见，父母就要调整教育的思路和目标，不要把养成一个听话的孩子作为终极目标。孩子小时候听话，父母固然省心省事，但是未来孩子长大成人，麻烦事都在后面。反之，孩子小时候如果不听话，非常有主见，则长大成人之后就能够处理好很多事情，也能照顾父母颐养天年。明智的父母从来不盲目要求孩子听话，而是在孩子很小的时候，就着重培养孩子的独立性。例如，当孩子1岁的时候，父母会尊重孩子的意见，让孩子选择自己喜欢吃的糖果；当孩子两岁的时候，面对孩子自己选择的衣服，父母会采纳孩子的意见，购买孩子喜欢的衣服；孩子3岁要上幼儿园，面对两难的选择，父母也会征求孩子的意见，让孩子决定到底是去离家远但是比较好的幼儿园，还是去离家近但是相对普通的幼儿园。这样一来，孩子不但渐渐地学会思考，通过权衡进行取舍，也能学会承担选择的后果，绝不因为结果不尽如人意就喊冤叫屈，可谓一举两得。不管是做选择，还是承担结果，都是孩子人生的必修课，真正的人生强者，总是能做到这一点，成为顶天立地的人。

在日常生活中，当孩子与父母意见相左的时候，只要不涉及原则性问题，只要不违反父母为孩子制定的规矩，父母应该尽量尊重和采纳孩子的意见。在父母的平等对待中，孩子必然越来越快速地成长，也越来越成熟。看着孩子从稚嫩的幼儿成为一个有主见的大孩子，再成为有见地、有勇气、有担当的成年人，父母才会真正感到欣慰。

才开学不久，学校里开始进行兴趣班报名，陌陌报名参加了舞蹈和诗歌朗诵。回到家里，陌陌问妈妈："妈妈，我要报名参加两个兴趣班，你可以赞助我一部分费用吗？"看到陌陌说得这么理所当然，妈妈有些惊讶："哦，报什么兴趣班，我怎么没听你说起过呢？"陌陌说："就是书法、作文、舞蹈、朗诵、声乐、机器人等。我没有告诉你，我怕你不同意我报名学习舞蹈和诗歌朗诵，就先斩后奏了。"妈妈笑着说："我为什么要干涉你啊？这是兴趣班，当然你说了算。"陌陌吐了吐舌头："我怕你又让我报名参加作文、书法之类的。我在校外已经学了，所以在学校里只想学一些轻松有趣的。"

妈妈点点头，对陌陌说："你说得很有道理。就算你提前告诉妈妈，妈妈也不会干涉你的。毕竟这是兴趣班，不是补习班。不过，为何你让我出一部分费用呢？你上学的费用不都是妈妈负担的吗？"陌陌笑起来，说："我怕你不买账啊，毕竟是我擅自做主的。"妈妈抚摸着陌陌的头说："你这个丫头也太小看妈妈了。妈妈大力支持你，给你报销全部费用，好不好？"陌陌高兴得一蹦三尺高，妈妈补充道："不过我有个条件，以后不要门缝里看妈妈，把妈妈都看扁了。你妈妈我还是很开明的，要相信妈妈，有事情及时告诉妈妈，好吗？下次要是再先斩后奏，妈妈就不给你报销费用了。"

在这个事例中，妈妈非但没有因为陌陌擅自做主报名参加兴趣班生气，反而觉得很高兴，因为这恰恰意味着陌陌长大了，可以自己拿主意，居然还为了防止妈妈反对，想出了一个先斩后奏的办法。

现代社会，处处都讲究独立自主，一个人如果总是听从他人的意见，毫无主见，不但在生活中会如同没头苍蝇一样四处乱撞，而且还会在工作中也处于人云亦云的尴尬境地。需要注意的是，要想保护孩子的自主意识，激发孩子的表达欲望，让孩子勇敢地说出自己的心声，父母在与孩子沟通的过程中，一定要认真倾听孩子，而不要总是呵斥孩子"闭嘴"，也不要总是以"听话"表扬孩子，以"不听话"否定孩子。让孩子拥有思辨的思维，对于孩子而言是一生都会受益无穷的良好思维习惯。

第6章

关注孩子的愤怒情绪——绝没有无缘无故的脾气

很多父母都为孩子无缘无故地发脾气而感到懊恼和厌烦，实际上，孩子尽管会任性，但却绝不会无厘头地发脾气。所谓的无缘无故，只是孩子在父母眼中呈现出的样子，要想探究孩子发脾气背后真正的原因，父母就要更加用心细致地关注孩子的情绪和行为表现，从而找到导致孩子情绪愤怒的原因，也及时疏导孩子的不良情绪。

当孩子哭闹不止，在地上打滚怎么办

目前很多家庭里都只有一个孩子，面对着这个宝贝疙瘩，不仅父母对孩子言听计从，就连爷爷奶奶、姥姥姥爷都对孩子倍加关注。他们把孩子捧在手里怕摔了，含在嘴巴怕化了，只要孩子一哭闹，他们就无限度地满足孩子的所有需求和欲望。殊不知，欲望是无底深渊，若父母和祖辈总是没有原则和限度地满足孩子，渐渐地，孩子的欲望就会越来越强烈，孩子也会更加骄纵任性。很多孩子一旦要求被拒绝，马上就会哭闹不止，当哭闹的杀手锏也不管用时，他们又会在地上撒泼打滚，甚至赖在地上不愿意起来。偏偏有些父母就吃这一套，对于他们而言，孩子的哭泣和纠缠就像是世界上最管用的命令一样，只要一看到孩子掉金豆子，或者看到孩子撒泼打滚，父母再大的怒气也会烟消云散，再大的决心也会很快消失，他们马上想方设法满足孩子的需求，对于孩子的一切表现也都不计前嫌。

这样的妥协和退让，只会让孩子更加骄纵，更加任性，对于改善孩子的哭闹情况并没有明显的作用。对于喜欢哭闹、非常任性的孩子，父母总是说他们脾气不好。从心理学的角度而言，这是孩子发泄情绪的一种方式。每个孩子从呱呱坠地开始就有情绪，而且在出生之后，情绪得到快速发展。通常，我们说孩子发脾气，实际上就是孩子在发泄负面情绪，如愤怒、悲伤等。在1岁之前，大多数孩子之所以发脾气，是为了满足自己合理的生理需求，而等到1岁之后，孩子不断成长，心思越来越细腻，再发脾气，就是为了用发脾气来控制和要挟父母。所以孩子1岁之前，他哭闹，是饿了、尿了，父母要马上反应过来，去照看他。而在孩子1岁之后，父母就不要再无限度地对孩子的坏脾气就范，越是在意识到孩子在用坏脾气来要挟父母的时候，作为父母，越是要坚定立场，坚持原则，绝不轻易妥协。

　　看到这里，也许很多父母会感到发愁和困惑：如果孩子哭闹不止，躺在地上打滚，又该怎么办呢？的确，很多父母也许可以无视孩子的哭闹，对孩子采取冷处理的方式，但是当孩子在公开的场合里躺在地上打滚的时候，他们就没有那么淡定了。殊不知，躺在地上打滚耍赖，是孩子哭闹之后的第二大撒手锏，父母一定要慎重对待，否则就会从此被孩子以撒泼打滚胁迫。对于孩子的哭闹行为，在确保孩子安全的情况下，父母可以暂时离开，给孩子独自恢复平静的时间，而且也向孩子表明立场，告诉孩子作为父母是不会轻易妥协的。等到孩子消化负面情绪、恢复平静之后，父母再耐心细致地告诉孩子："要想提出要求，必须以正当的方式去表达，而不要在地上打滚，否则哪怕是合理要求，也会被坚决拒绝。"当然，在义正词严告诉孩子这些话的同时，父母还要向孩子表达爱，告诉孩子："爸爸妈妈都很爱你，但是我们不喜欢你无理取闹，也不喜欢你在地上撒泼打滚。如果你能换一种方式表达，爸爸妈妈会更乐于接受。"

　　对于哭闹不止、就地打滚的孩子而言，冷处理是最好的方式，父母需要注意，在冷处理之后，一定要及时对孩子讲道理，否则孩子无缘无故受到冷落，却不知道为何，会伤害孩子稚嫩的心灵。除了冷处理的方式之外，父母还可以转移孩子的注意力，让孩子暂时忘却愤怒，或者直截了当告诉孩子不可改变的决定，当孩子意识到即使哭闹也无法改变结果的时候，他们自然不会再白费力气地哭闹。

一个周末，妈妈和乔乔一起去商场里购物。原本，妈妈是想为自己买一条漂亮的连衣裙，没想到还没看到心仪的裙子，乔乔就看到玩具店，非要去玩具店里转一圈，买个玩具。妈妈拗不过乔乔，因而在进入玩具店之前和乔乔约法三章：只能买不超过100元钱的一件玩具。乔乔原本答应得好好的，进入玩具店之后，却突然变卦了。原来，他相中了一整套的变形金刚，需要300多元。这大大超出妈妈的预算，妈妈坚决不妥协。

乔乔和往常一样，开始上演哭泣大戏。他哭得肝肠寸断，妈妈却不为所动。乔乔眼见着妈妈无动于衷，居然坐到地上，在地上蹬腿，还大有要躺在地上打滚的架势。妈妈心中一闪念，想要答应乔乔的请求，但是又担心这次答应乔乔，以后乔乔赖在地上打滚会愈演愈烈。为此，妈妈对乔乔说："好吧，你在这里哭吧，实在不行躺在地上打滚也行，如果这样能让你感到更舒服些。但是，变形金刚是不会买的。你可以这次不买玩具，把100元的指标积攒到下次买玩具的时候，就可以买变形金刚。如果你这次买100元钱的玩具，下次还是不可以买变形金刚。另外，我累了，我去那边的椅子上坐着休息一下，你哭完了来找我。对了，我还要友情提醒你一下，如果你把身上弄得脏兮兮的，一会儿就不能去肯德基吃汉堡了哦。"说完，妈妈就去能看到乔乔的椅子上坐下，悠闲地开始喝饮料。

乔乔又坐在那里哭了一会儿，时不时地还用眼角偷瞄妈妈，他不知道妈妈也在观察他呢！看到乔乔的表现，妈妈暗自窃喜，说服自己一定要坚持到最后。果然，大概15分钟过去，哭累了的乔乔知道无法改变妈妈的决定，慢吞吞地爬起来擦擦眼泪，走到妈妈面前问："妈妈，我还可以吃肯德基吗？"妈妈点点头，说："现在去洗漱间洗一下脸吧，不然都变成小花猫了。你想好了吗？是这次买100元以下的玩具，还是等到下次可以买玩具的时候，直接买变形金刚呢？"乔乔想了想，说："我快要过生日了，我可以得到变形金刚作为礼物吗？"妈妈高兴地回答："当然可以。"此后，每当乔乔想要就地打滚的时候，就会想起妈妈的坚持，再也没有坐在地上耍赖过。

妈妈的考虑很有道理，如果这次向乔乔妥协，也许乔乔未来会更热衷于以就地打滚耍赖的方式要挟妈妈。幸好妈妈的坚持，让乔乔意识到结果不可改变，为此乔乔也顺利地恢复平静的情绪，找到了最佳的解决方案。

面对孩子的哭闹，甚至是就地打滚和撒泼，父母一定要坚持原则，不要轻易对孩子妥协。实际上，孩子之所以会哭闹和耍赖，就是因为父母不断的退让导致的。只要父母立场坚定，孩子就会意识到父母的态度，也会适当地收敛和约束自己。

愤怒让孩子受到深深的伤害

曾经有心理学家针对愤怒进行过实验，发现人在极度愤怒的情况下，呼出来的气体是有毒的。由此可见，愤怒对于人的身体会产生很恶劣的影响。对于孩子而言，因为缺乏自制力，情绪容易激动，因而愤怒更容易伤害孩子。作为父母，当发现孩子即将被愤怒奴役的时候，或者意识到孩子已经处于情绪崩溃的边缘，就要及时采取措施，帮助孩子尽量恢复情绪的平静，避开愤怒的情绪。

很多父母都感到苦恼，因为他们发现随着孩子不断成长，曾经那个对父母言听计从的、可爱的小家伙不见了，取而代之的是一个总是要与父母对着干、爱发火的孩子。的确，这让人恼火，但是父母也要清楚地知道，这是孩子成长过程中必然经历的阶段，是无法越过的。当孩子开始惹怒父母，当孩子时不时发火，恰恰意味着孩子在成长，开始有独立的主见，也开始拥有自己的思想和意识。作为父母，要跟随着孩子成长的脚步，不断地调整自己的教育思路，这样才能有的放矢帮助孩子健康成长，而不是一味地停留在原地，被快速成长的孩子远远地甩下。

父母要知道，孩子心思简单，感情纯粹，他们对于父母的愤怒也是非常简单的。很多孩子一旦生气了会怪叫，还有的孩子喜欢摔打东西，也有的孩子会把自己关在房间里。从人际关系的角度而言，父母在与孩子的交往中处于主导地位，父母理应引导孩子宣泄情绪，也承担起寻找最合适的方法与孩子和谐相处的重任。

乔乔是一个特别挑食的孩子，他长得特别瘦弱，已经10周岁了，上小学四年级，但是才120多厘米，体重只有26千克。在同龄人里，乔乔显得瘦弱矮小，根本没有任何优势可言。看到乔乔生长速度这么缓慢，妈妈非常着急。每天到了吃饭的时候，看着乔乔这个也不吃，那个也不吃，恨不得把好东西都倒到乔乔的嘴巴里。

一天，妈妈精心做了美味的饭菜，有糖醋排骨、清蒸鲈鱼，还有清炒土豆丝、凉拌豆腐。但是，乔乔丝毫没有食欲，只吃了一块排骨和几口米饭，就准备离开餐桌。妈妈生气地吼道："给我坐下，给我大口地吃饭。"看到妈妈突然发火，乔乔的确有些害怕，因而含着眼泪坐回座位上，开始委屈地吃饭。看着乔乔如鲠在喉、难以下咽的样子，妈妈更生气，但是妈妈不同意乔乔停止吃饭。别人都吃完饭离开饭桌了，妈妈还坐在饭桌前盯着乔乔，直到乔乔把一碗饭都吃到肚子里。妈妈正准备收拾碗筷，乔乔突然跑到垃圾桶处呕吐起来。看着乔乔痛苦的样子，妈妈也心软了。爸爸抱怨妈妈不该强制乔乔吃饭，还让乔乔含着眼泪吃饭，妈妈自知理亏，并没有反驳。

妈妈心疼乔乔，希望乔乔多吃一些饭菜，长得高一些、强壮一些，原本是好事情，可惜妈妈采取了错误的方式，不但强迫乔乔吃饭，还盯着哭泣的乔乔把饭吃下去。妈妈不知道，乔乔尽管不敢抗拒妈妈，但是内心里却充满愤怒，所以他只是强迫自己把饭咽下去，而他的胃极其不情愿接受这样的食物。最终，乔乔才刚刚吃完饭，就忍不住又把所有的饭都吐了出来。实际上，为了让乔乔爱上吃饭，也真正调动乔乔的食欲，妈妈完全可以改变方式，例如把饭菜做成孩子喜欢的卡通造型，或者尝试一些新菜品，这些都比强迫乔乔吃饭的效果要好得多。

父母一定不要强迫孩子。细心的父母会发现，孩子在两三岁前后，就有自己独立的思想意识，因而对于某些东西他们会表现出鲜明的喜好。举个最简单的例子，有的孩子喜欢穿白色的衣服，就会自主挑选衣服，而父母偏偏要求孩子穿父母喜欢的红色衣服，从而与孩子产生冲突，导致孩子极其愤怒，这有必要吗？当父母把自己放在孩子的立场上考虑问题，难道父母愿意穿自己不喜欢的颜色的衣服吗？所以父母要想与孩子和谐相处，设身处地为孩子着想，是非常重要的。

孩子原本就容易情绪冲动，也很容易陷入愤怒之中。从中医的角度来说，愤怒的情绪与人的肝脏健康密切相关，尤其是在极度愤怒的情况下，人们不禁呼吸急促，而且心跳也会加速，这对于孩子的成长是没有任何好处可言的。因而父母要学会疏导孩子的情绪，引导孩子保持情绪平静，而不要故意激怒孩子。情绪也带有一定的惯性，当孩子习惯于保持情绪平静，他们就会成为一个淡定平和的人。相反，当孩子不知不觉之间习惯了情绪愤怒和冲动，他们就很难改掉这个坏习惯，也会成为情绪的奴隶，被情绪深深伤害。不同的孩子在情绪即将进入愤怒状态时，会有不同的表现，父母要更加用心观察孩子，从而把孩子的愤怒情绪消除于无形。

避免导致孩子愤怒的事件发生

传说中，龙有逆鳞，一旦触碰到龙的逆鳞，就会导致龙颜大怒。实际上，孩子从一出生就有情绪，只不过孩子在出生时的情绪相对简单，只有四种基本的情绪，即快乐、恐惧、愤怒和悲伤。婴儿很容易愤怒，不管是饿了、渴了，还是拉了、尿了，孩子都会愤怒地哭泣。随着不断的成长，孩子的情绪也处于快速的发展和变化之中。幼儿阶段的孩子，出现愤怒情绪的次数很多，非常频繁，哪怕是一件小小的事情，孩子都会马上去对抗，因而从心理学的角度而言，也可以说孩子是在用愤怒来自卫，是在掩饰自己内心的虚弱。

随着不断的成长，孩子的情绪也变得越来越复杂，但是愤怒依然成为他们表现频繁的情绪，也给很多父母带来了困扰。很多父母在面对愤怒的孩子时，总是会有束手无策的感觉。实际上，父母之所以产生这种无助感，是因为他们把关注的焦点放在孩子愤怒的情绪上，而忽略了探究孩子为何感到愤怒。所谓解铃还须系铃人，如果父母能够尽量避免引起孩子愤怒的事件发生，就像是关闭了孩子愤怒的按钮，那么孩子自然会有好情绪。通常情况下，孩子会为哪些事情感到愤怒呢？

首先，孩子处于婴幼儿阶段时候，之所以哭泣，就是觉得身体有需求没有得到满足，或者有哪个地方感到不舒服，或者渴望被父母拥抱在温暖的怀抱里。他们用哭泣表达自己的愤怒。

其次，随着不断的成长，小小的婴幼儿不断成长，自我意识也越来越强烈。在两三岁之后，到青春期到来之前，孩子们会因为父母食言而愤怒。例如，当妈妈承诺在周末带着孩子一起去游乐场玩耍，但是却没有践行诺言的时候，孩子的愤怒简直超出妈妈的想象。这是因为被食言是这个阶段的孩子最不能容忍和接受的，所以他们才会感到怒不可遏。作为父母，不妨想象一下自己在被欺骗时的感觉，就能理解孩子被食言时感到被欺骗的愤怒。

国庆小长假，妈妈原计划带着乔乔去300公里外的省城南京玩耍，然而，因为单位临时要求加班，妈妈不得不取消计划。不想，这件事情让乔乔大发雷霆，尤其是看到妈妈以轻描淡写的语气把出游计划取消的事情说出来时，乔乔简直气得要爆炸了。对于乔乔的过激反应，妈妈很不理解："乔乔，妈妈不是无缘无故取消计划的，是单位有事情需要加班，这也不是我能左右和控制的啊。你这样可就是蛮不讲理了，要是妈妈不工作，怎么养活你啊，只靠着爸爸一个人挣钱，爸爸还不得累死啊！"

乔乔气愤地说："我不管，我就不管！我就要去南京，我就要去南京。你是个大骗子，你骗我，你就是个大骗子。"看到乔乔歇斯底里的样子，妈妈没有控制好情绪，居然甩手给了乔乔一巴掌。幸好这个时候爸爸回来了，赶紧批评妈妈，安抚乔乔："乔乔，爸爸知道你的感受，眼看着到了日子的出游计划取消了，换作是我，也会很恼火的。你看这样行不行,爸爸趁着这个机会带你去奶奶家里住几天,你不是一直想去奶奶家吗,奶奶家有山有水,还有很多小伙伴可以带着你去小溪里抓鱼呢!"听到爸爸这么说,乔乔的情绪才勉强恢复平静。爸爸还许诺乔乔,再遇到连续几天的假期,就和妈妈一起带乔乔去南京,不过前提是爸爸妈妈的单位都没有任何意外情况发生。这次爸爸把丑话说在前面,就是为了避免再被乔乔指责为骗子。

因为人生经验的限制,很多孩子都无法理解父母的苦衷。他们不能理解所谓的加班,所谓的工作挣钱,他们只知道爸爸妈妈只要说了就得做到。这也给爸爸妈妈提出更高的要求,如果单位里经常有突发事件,就不要随便给孩子承诺。或者在意识到孩子很注重爸爸妈妈是否遵守诺言之后,还可以等到事到临头再与孩子沟通出行的计划和安排,以免生出变故,惹怒孩子。

再次,当孩子不断地成长,进入青春期和叛逆期,他们的自主意识也发展到巅峰,强烈要求父母必须尊重和平等对待他们。对于这个年龄阶段的孩子,父母一定要多多理解和尊重孩子,也给予孩子最大的空间自由成长,而不要总是限制和禁锢孩子,否则就会激起孩子的逆反心理,导致孩子故意与父母对着干,甚至故意对抗父母的权威。

最后,对于任何年龄段的孩子,父母都要用心保护孩子的自尊心。尤其是在批评孩子的时候,一定不要当着他人的面,否则就会让孩子觉得颜面尽失,也会对父母非常失望。当然,如果是表扬孩子,则可以当着他人的面进行,因为这样会让孩子觉得很骄傲,也会因此而做得更好。

总而言之,凡事亡羊补牢,不如未雨绸缪。作为父母,当看到孩子哭闹的时候,可以在短时间内离开孩子,给予孩子一定的独处时间,从而帮助孩子恢复理智和冷静。当然，凡事皆有度，过度犹不及，如果孩子哭闹超过一定的时间，则父母要主动安慰孩子，也可以询问孩子是否有什么不舒服的地方，或者有什么想不明白的问题。所谓心病还须心药医，解铃还须系铃人，父母与孩子之间一定要顺畅沟通，才能及时解开孩子的心结，也给予孩子全方位的照顾和恰到好处的引导。

当孩子愤怒，父母切勿歇斯底里

每当看到孩子无理取闹的时候，尤其是看到大一些的孩子不理解父母的辛苦，故意与父母对着干的时候，父母简直伤心欲绝：我辛辛苦苦抚养你长大，把所有好吃好喝的都供给你，你不想着要报答我，还故意惹我生气，这是要把我气死吗？况且，你有什么资格惹我生气，冲着我发火呢？的确，看着自己费尽心血辛苦养大的孩子有朝一日要与自己为敌，在羽翼还没有丰满的时候，就要与自己叫板，作为父母，的确会感到难以接受。很多脾气暴躁、情绪冲动的父母，还会在孩子愤怒的时候也变得歇斯底里，恨不得自己没有生出来这样的孩子才好。然而，孩子已经降临人世，是无法再塞回肚皮里的，面对一个或者优秀、或者浑蛋、或者听话、或者叛逆的孩子，父母唯一能做的就是坦然面对，而不要和孩子一样情绪失控、歇斯底里。

每个父母都自称是这个世界上最爱孩子的人，的确，父母的爱深沉而又无私，支撑着孩子不断地成长，但是有的父母的爱也常常失去理智，甚至伤害孩子的性命。这么多年来，父母因为与孩子之间发生冲突，导致失手打死孩子的事情时有发生，让人不由得感慨：父母爱孩子，到底是为了孩子，还是为了自己？不得不说，很多父母都打着爱的旗号苛刻地要求孩子，实际上是为了满足自己奇奇怪怪的各种心理，如虚荣心、攀比心等。真正的爱是怎样的？真正爱孩子的父母，会尊重孩子的成长规律，会尊重孩子对于人生的选择，会耐心地引导孩子，也会告诉爱孩子就是让孩子感到幸福。

就以学习为例。每一个妈妈在历经千辛万苦把孩子带来这个世界上来的那一刻，最大的心愿是孩子身体健康、四肢健全。等到孩子从襁褓里的婴儿变成满地跑的幼儿，看着孩子总是被头痛脑热折磨，妈妈最大的心愿就是孩子健康成长，不受到疾病的困扰。而一旦孩子进入一年级，一场比赛就此拉开序幕，看着老师在班级群里发出来的各种成绩单，妈妈再也不淡定了，只想第一时间就把孩子变成班级第一，最好能够成为年级第一。从此之后，竞争心绑架了妈妈，妈妈又绑架了孩子。所谓不输在起跑线上，变成了所有家庭中一个最大的谎言：人生真的有起跑线吗？即使真的有起跑线，那也是马拉松的起跑线，而不是百米短跑的起跑线。不得不说，现代社会大多数父母都陷入教育焦虑之中，他们更多地从自己的角度考虑孩子的学习和未来，而很少真正设身处地为孩子着想。长此以往，父母与孩子之间因为学习而爆发的矛盾不可计数，还有极个别极端的孩子以死做出抗争。作为父母，不得不反思教育的方式，也要想方设法处理好与孩子之间的关系。

有一天晚上，乐乐因为妈妈额外给他布置了一些课外作业，与妈妈之间爆发了激烈的争吵。看着乐乐极度抵触课外作业的样子，妈妈也歇斯底里，对着乐乐大喊大叫："你是废物吗？你看看你们班其他的同学，每天都要上课外补习班，你不上课外补习班，连作业都不愿意写吗？你以为你是神仙吗？不用努力，就能取得好成绩？做梦吧你！"

听到妈妈说出"废物"二字，乐乐更生气了，怒目圆睁，两只手紧握成拳。已经和妈妈差不多身高的他，看起来恨不得打妈妈呢，他对妈妈说："好，别人家孩子好，你去找别人家孩子，我走，我走还不行吗？我早就不想活了，省得你一天到晚盯着我写作业。"妈妈简直被气昏头了，声嘶力竭地喊道："不想活你就去死，养你这样的废物还不如不养呢！"在一旁的奶奶看到妈妈和乐乐大战，急得直跺脚，死死地拉着冲动的乐乐，不让乐乐离开家。这件事情之后，妈妈回想起自己当时对乐乐说的话，不由得感到羞愧：作为父母，无论多么生气，都不应该歇斯底里，不顾一切。否则，如果真的刺激到乐乐做出什么过激的举动，她也不要活了。

没有经历过青春期孩子的父母，也许无法理解事例中妈妈歇斯底里、发狂的表现。然而，当孩子到了青春期，做出各种各样过激的举动和言行，父母就会想象到事例中妈妈的表现和行为反应，也并非空穴来风，甚至是可以理解的。的确如此，半大小子，气死老子，看着和自己差不多高的孩子对着自己横鼻子竖眼睛的，妈妈简直要崩溃，尤其是吵架无好话，当父母和孩子都因为愤怒故意说出刺激对方的话，就会导致局面更加无法控制。即便如此，父母也要保持理智，千万不要被愤怒冲昏头脑。每时每刻，父母都要记住，任何事情也比不上人命关天，不管对孩子有多大的期望，前提都是孩子要健康快乐地生活着。所以作为父母，想一想那些为孩子的病愁苦的父母吧，在生死面前，还有什么问题是不能想得开的呢？也许父母想问题不该这么悲观，但是恰恰只有想透彻这个问题，父母对孩子才能做到豁达。

退一步而言，父母之所以对孩子生气，往往是因为孩子做错了某些事情。常言道，说出去的话如同泼出去的水，如果孩子说错话，父母再怎么生气，也无法挽回孩子的话。同样，如果孩子做错了事，那么父母即使再愤怒，孩子已经做完的事情也变成了历史，是无法更改和弥补的。在这种情况下，父母只有心平气和，才能引导孩子积极地弥补错误，解决问题。而当孩子情绪激动的时候，父母的愤怒更是会像火上浇油，只会导致事情更加恶化，朝着更恶劣的方向发展。

从孩子性格养成的角度而言，父母经常歇斯底里，对于孩子会起到消极的负面影响和作用。细心的父母会发现，性格暴躁的父母养育出来的孩子也往往性格暴躁，性格温文尔雅的父母养育出来的孩子也总是情绪平和，遇到问题能够理性解决。所以作为父母，如果发现孩子的脾气很糟糕，而且情绪也常常失控，先不要急于抱怨孩子，而是要先进行深刻的自我反省，从自己身上找原因，这样才能以身作则，给孩子树立良好的榜样。

转移注意力，让孩子恢复平静

对于父母这份伟大的职业，每个人都是新手，从未养育过孩子的年轻爸爸妈妈是新手，已经养育过一个孩子的二胎爸爸妈妈也是新手。这是因为每个孩子都是特立独行的生命个体，养育第一个孩子的经验不能套用到第二个孩子身上。当然，除了少数二胎爸爸妈妈之外，大多数爸爸妈妈都是纯粹的新手，都是第一次当爸爸妈妈。

作为新手爸爸妈妈，在孩子哭闹的时候，在孩子保持沉默、情绪低落的时候，总是无法想出好的办法对待孩子。实际上，孩子闹情绪是正常的表现，因为孩子从一出生就有情绪，而且在出生之后，随着孩子快速成长，情绪也在飞速发展。对于孩子的坏情绪，与其抓耳挠腮也不能解决问题，爸爸妈妈不妨采取转移注意力的方式，会收到很好的效果。

有一次，妈妈和爸爸带着5岁的子豪去海南度假。一天傍晚，全家人在海滨浴场玩过之后走在回酒店的路上，路过一家超市，爸爸要喝饮料，所以全家人就走进超市。在超市里，子豪看中了一个超大号的毛绒玩具哈士奇，这个哈士奇足足有1.8米长呢，子豪非要买，妈妈却以不方便带回家为由拒绝了子豪。

为此，子豪哭闹不止，抱着妈妈的大腿不愿意放开，自己则坐在地上，就把妈妈固定在哈士奇的展架前。妈妈觉得很尴尬，尤其是看到他人投来的异样目光，妈妈恨不得找个地缝钻进去。然而，子豪不依不饶，如果不是哈士奇实在太大，妈妈都准备妥协了。但是一想到这么大的玩具根本无法带上飞机，妈妈又犹豫了。这个时候，店员也在劝说妈妈："孩子这么喜欢，就买一个吧，飞机上可以带的。"妈妈恨不得让店员闭嘴，但是子豪纠缠得她没有时间去回答店员。正在这时，爸爸买完饮料回来，了解了情况后，爸爸对子豪说："子豪，我知道你想要哈士奇玩具，不过他实在太大了。对了，我和妈妈要去参加酒店里的篝火晚宴，你想和我一起去吗？"听说有篝火晚宴，子豪一下子站起来，兴致勃勃地欢呼道："我要去，我要去，我最喜欢玩火啦！"就这样，子豪似乎完全把哈士奇抛之脑后，高高兴兴地和爸爸妈妈一起走向酒店。

当妈妈正面劝说子豪无果之后，爸爸只是用了转移注意力的方法，就轻轻松松地解决了问题。在爸爸的提醒下，子豪生怕错过篝火晚宴，因而当即和爸爸妈妈一起回酒店。实际上，对于年纪小的孩子而言，他们集中注意力的时间是有限的。有的时候，父母需要培养孩子的专注力，帮助孩子变得专注，能够长久地集中注意力。而在这种哭闹的情况下，父母也可以灵机一动,利用孩子不能长久集中注意力的特点,成功地转移孩子的注意力,让孩子当即停止哭闹。

在转移孩子注意力的时候,父母要选择孩子喜欢的玩具或者事物,这样才能吸引孩子。此外,带着孩子从熟悉的环境中进入陌生的新鲜环境,也能让孩子调整思路和情绪。对于有些小孩子,父母还可以以假扮鬼脸的方式吸引他的注意。例如,当孩子打完防疫针之后因为疼痛而哭闹,父母可以扮鬼脸,让孩子高高兴兴笑起来。此外,虽然要限制孩子看动画片的时间,如果暂时没有好办法吸引孩子的注意力,父母还可以给孩子播放喜欢看的动画片,从而让孩子转移注意力,恢复情绪平静。需要注意的是,在使用转移注意力的方法帮助孩子恢复平静时,父母一定不要使用钱或者是零食来转移孩子的注意力,否则就会把孩子带入更糟糕的情境之中。用来吸引孩子注意力的东西,要积极向上,有益于孩子身心健康。

让孩子知道生气的严重后果

很多孩子都喜欢生气,而且他们表达气愤的方式很单一,常常是哭闹。孩子为什么爱发脾气呢?这是因为随着不断的成长,孩子的自我意识会越来越强烈,这样一来孩子就从年幼阶段与外界浑然一体的状态,逐渐产生自我,也对外界有了更多的要求。如果父母一味地禁止孩子发泄愤怒,会让孩子的怒气淤积于心,就会导致他们的性格越来越沉默内向,甚至患上抑郁症。正确的做法是帮助孩子发泄愤怒,引导孩子找到发泄愤怒的途径,从而及时消除孩子的不良情绪,也让孩子能够积极地处理好情绪。

当然，凡事亡羊补牢，不如未雨绸缪。明智的父母会告诉孩子生气的坏处，从而让孩子渐渐地控制愤怒，也正确地处理愤怒的情绪。记住，只是禁止非但不能让孩子控制愤怒，还有可能导致孩子更加情绪失控，面对孩子，父母最重要的是引导，这样才能让孩子心服口服，发自内心地意识到愤怒的恶劣影响。合格的父母不仅仅应该照顾好孩子的吃喝拉撒，还应该成为孩子在学习和生活上的导师，也帮助孩子梳理好情绪。

很久以前，有个男孩每天都在生气，在短短一天的时间里，他有时要生气十几次。每次生气，男孩都大发雷霆，不但严重损害了自己的身心健康，而且身边的人也很受伤害。为了帮助男孩控制愤怒，让男孩减少生气的次数，父母想出很多办法来劝说男孩，但是始终收效甚微。一天，爸爸突然想出一个好主意。

爸爸拿出一个锤子和一口袋钉子给男孩，对男孩说："你再生气的时候，生一次气就把一颗钉子钉到你卧室的松木衣柜上。"男孩不知道爸爸的葫芦里卖的是什么药，在爸爸的要求下，他还是照做了。出乎男孩的预料，仅仅第一天，他就在衣柜上钉了13颗钉子。看着原本光滑平整的衣柜一下子变得千疮百孔，男孩觉得很心疼。次日，他又在衣柜上钉了9颗钉子。不过，爸爸还是表扬男孩："很好，有进步，今天生气的次数明显减少。"在爸爸的鼓励下，在受伤衣柜无声的呐喊之中，男孩努力控制情绪。渐渐地，他每天生气的次数越来越少。直到有一个星期，男孩在整整7天的时间里都情绪平和，没有生气。爸爸对男孩说："接下来，如果你能做到一整天不生气，就拔掉一颗钉子。"钉子钉上去很容易，想要一颗一颗地拔下来，却是很难。男孩花费了整整一年的时间才拔光所有的钉子。看着千疮百孔的衣柜，男孩觉得很难过。爸爸语重心长地对男孩说：

"孩子，看看吧，这就是愤怒给他人带来的伤害。等你消气了，就想把钉子拔掉，殊不知钉子已经在他人的心中留下了永远无法消除的伤痕。"

听了爸爸的话，男孩惭愧地低下头。从此之后，男孩的情绪都很平和，因为他知道生气既伤害自己，更伤害他人。

在这个事例中，面对男孩的气愤，爸爸思来想去终于想出了好办法，以钉钉子的方式让男孩对于自己生气的次数进行量化，虽然这么做伤害了无辜的衣柜，但是能够帮助男孩平复情绪，也是非常值得的。后来，爸爸还借助于拔掉所有钉子且依然千疮百孔的衣柜教育男孩，告诉男孩气愤在他人心中留下的深深伤痕，因而起到了很好的效果。

生气就在衣柜上钉钉子，不但能把生气的次数量化，而且能够有效帮助孩子发泄怒气，这对于孩子宣泄情绪、恢复平静是很有好处的。除此之外，还可以为男孩准备一个笔记本，让男孩把一切负面的情绪都写在笔记本上。当然，在记载下负面情绪之后，也可以把相应的一面撕掉，扔进垃圾桶里，就相当于把愤怒也消除了。美国前总统林肯在愤怒的时候，就会写下来。有一次，林肯因为与朋友发生争执，怒气冲冲地给朋友写了一封信，当秘书要帮助林肯把信件寄出去时，林肯却把信件撕碎丢进垃圾桶。秘书不解，问林肯为何这么做，林肯回答："这封信是我在愤怒的情况下写的，言辞激烈，当然不能寄给朋友，因为它根本不可能真正解决问题。只有在发泄完愤怒情绪之后，才能在理性控制下写出言辞恳切的信件。"林肯的话让秘书肃然起敬。虽然我们不是总统，也没有林肯那么高的觉悟，但是学会控制情绪却是每个人都必须做到的。作为父母，更要引导孩子认识到生气的负面作用，从而让孩子发自内心地意识到控制愤怒的必要性，也渐渐地恢复良好的情绪。

第 7 章

让孩子远离忧郁情绪——多带给孩子一些正能量

> 如今，随着生活压力的增大、生活节奏的加快，很多成人都在不知不觉间被忧郁情绪困扰，甚至患上了严重的抑郁症。因为父母望子成龙、望女成凤，无形中就把压力转嫁给孩子，导致孩子也承受着繁重的学习任务，又因为与父母、同龄人相处的过程中还要面对很多困难与阻碍，所以孩子也很容易陷入忧郁的情绪之中无法自拔。作为父母，一定要给予孩子正能量，帮助孩子免遭忧郁的困扰。

父母阳光，孩子才能阳光

说起孩子患抑郁症的事情，很多父母都会感到震惊：孩子小小年纪，衣食无忧，怎么会患抑郁症呢？的确，孩子为何会在原本应该无忧无虑的童年生活中遭到抑郁症的困扰呢？有些严重抑郁症的孩子还会出现自闭倾向，甚至做出极端的伤害自己的行为。与其等到孩子被抑郁症纠缠不休、失去快乐，再去关注抑郁症，父母不如在日常生活中就为孩子营造积极阳光的生活氛围，尤其是要以身作则，帮助孩子对生活充满信心和希望，这样孩子才能拥有阳光心态，也才能积极地面对生活。

抑郁症，也许父母都听说过，它是不分年纪的，这就意味着不管是黄口小儿，还是白发苍苍的老人，都有可能受到抑郁症的困扰。作为父母，当发现孩子出现抑郁倾向的时候，第一时间就要反思自己是否在孩子面前表现出过度的抑郁倾向，因为父母是孩子的第一任老师，也是与孩子朝夕相处的人，所以经常在潜移默化之间影响孩子。孩子是父母的镜子，当父母看到孩子有所变化，首先要反省自己是否有变化。很多时候，承受着沉重压力的成年人往往会在日常生活中无意间说出"生活没意思""活着没劲""活着太累"这样消极悲观的话，对于他们自身而言，也许只是一时的感触，是说完就会忘记的，但是却会给孩子带来负面影响。孩子在自身的各种价值观念还没有正式形成之前，对父母非常依赖和信任，因而作为父母在孩子面前一定要谨言慎行。

作为父母，必须先端正人生态度，意识到人生不如意十之八九，每个人在生命历程中都会遭遇各种坎坷挫折和磨难，不要因为小小的困难和挫折，就马上充满悲戚。即使真的患上抑郁症，也要努力与抑郁对抗，不要放纵自己的抑郁情绪如同潮水般淹没正常的生活，否则不但不利于自身的身心健康，还有可能给孩子树立坏的榜样，导致孩子也过分焦虑和不安。当父母内心充满阳光，孩子就能在一个充满阳光的环境中生存，也就能够远离抑郁，拥有幸福快乐的人生。

妈妈患上严重的抑郁症，经常要寻死觅活的。小小年纪的晨晨，为此也郁郁寡欢，总是担心妈妈有朝一日真的走上绝路，彻底把她放弃在这个世界上。晨晨才9岁，正在读小学三年级，不想失去妈妈。她知道，有妈的孩子像块宝，没妈的孩子像根草。虽然妈妈经常哭泣、发脾气，晨晨还是希望有妈妈陪伴在身边。

渐渐地，爸爸发现晨晨的话也越来越少。一个偶然的机会，晨晨忘记把日记本放到抽屉里，爸爸打开日记本，发现晨晨在日记里写道："如果妈妈死了，我也去死，我觉得每天的天空都是灰色的，我觉得自己喘不过气来。"爸爸很担心晨晨，妈妈的抑郁病情又反反复复，为此，无奈的爸爸把晨晨的日记送给妈妈看，告诉妈妈："如果你再不配合治疗，再不积极地振作起来，你就把女儿也彻底毁了。"妈妈还是知道利害关系的，当即调整心态，不再整日唉声叹气。有的时候，即使心中的那股抑郁上来，妈妈也强忍着不在晨晨面前哭泣。在全家人的共同努力之下，妈妈的抑郁症逐渐好转，晨晨也终于再次绽放笑容。

对于有抑郁症患者的家庭而言，父母尤其需要关注孩子的情绪，一定不要让孩子小小年纪就被抑郁的负面情绪纠缠和困扰。在教养孩子的过程中，父母也要讲究方式方法，尤其是对于年纪稍微大一些的孩子，千万不要总是对孩子颐指气使，更不要总是苛刻地要求孩子。不管遇到再大的苦难，父母都要成为擎天柱，为孩子支撑起一片晴空。很多父母总是把成人的烦恼告诉孩子，加重孩子的心思，这其实是不好的。在漫长的一生之中，每个年龄阶段都有每个年龄阶段的心事和苦恼，作为父母，千万不要把成人的烦恼强加给孩子，而应该让孩子无忧无虑地享受童年的快乐时光。

父母要注意，首先，不要当着孩子的面说"真郁闷""郁闷呀"类似的话，否则就会让负面情绪弥漫在家里，给孩子带来严重的负面影响。其次，不要在心情不好的时候，就把孩子当成出气筒，记住孩子不是父母发泄抑郁的工具。哪怕在工作上遭遇瓶颈，在生活中遇到难以逾越的障碍和困难，父母也要对孩子绽放笑容，为孩子营造充满阳光、积极向上的生活氛围。最后，父母还要避免在孩子面前表现出抑郁情绪，否则无形中就会导致家庭氛围压抑，导致孩子在沉默中感到惶恐，从而使得孩子也陷入抑郁状态之中。总而言之，家应该是充满爱的地方，每个父母都要对孩子表现出爱，也让孩子在爱的环境中健康快乐地成长。

强势的妈妈，忧郁的孩子

现代社会，女性不再作为纯粹的家庭妇女留守在家中，专心致志地相夫教子，而是要和男性一样走上社会，在职场上打拼，撑起半边天。与此同时，女性还要兼顾家庭、照顾孩子，因而往往承受着比男性更大的生存压力。在这种情况下，原本柔弱的女性变得越来越强势，因为她们唯有让自己挺直脊梁，用肩膀扛起艰巨的责任和义务，才能更好地生存下来。渐渐地，全职工作、兼顾家庭的妈妈变得越来越强势，在工作中雷厉风行，在家庭生活中也说一不二。殊不知，当妈妈过于强势，孩子会变得越来越忧郁，因为强势的妈妈给予孩子独立生存的空间很小，这让孩子感到窒息，也让孩子陷入被动的状态之中无法自拔。

毫无疑问，妈妈在家庭教育中承担着重要的责任和义务，没有任何人能够取代妈妈，如果说父母是孩子的第一任老师，那么妈妈则是身兼重任的班主任，对于孩子的成长起到重要的影响作用。通常情况下，在家庭教育中，父亲是比较威严的，因为父亲陪伴孩子的时间相对较少，所以父亲的威严有利于管教孩子。而当妈妈承担起威严的角色，由于大多数家庭中都是由妈妈承担起照顾孩子的重任，所以长此以往，在妈妈的威严和强势之中，孩子的成长环境往往是压抑的。在妈妈的强势之下，孩子的天性被压抑，他们无法自由地做自己想做的事情，而总是被妈妈苛刻要求。这样的孩子长大之后非但缺乏主见，情绪也会非常低落、消沉。作为妈妈一定要记住，孩子不能在各种限制中长大，所以当妈妈承担起照顾孩子的主要责任，就不要总是对孩子说"不"。一次又一次地说"不"，妈妈必将沉重打击孩子的自信心，也导致孩子在成长的过程中渐渐地感受到绝望。当孩子最后一次被拒绝，此后再也不对妈妈提出任何请求，孩子就会彻底对妈妈关闭心门，不愿意继续与妈妈沟通。

看到这里，也许有很多妈妈都会觉得委屈：我每天不但要工作，还要照顾孩子，承担家务，哪里有时间有心情对孩子耐心呢？我只能变得强硬，生硬地拒绝孩子的要求，这样才能减少自己的工作量，让自己继续勉强支撑下去。的确，全职工作的妈妈还要兼职照顾家庭，确实是很累的。但是既然是妈妈，就要扮演好妈妈的角色，不能因为任何原因而伤害孩子稚嫩的心灵。妈妈的强势要有度，所谓凡事皆有度，过度犹不及，对于妈妈而言，必须适度给孩子留下空间，才能保证孩子身心自由地成长。有一则新闻说，湖南的一位妈妈为了打麻将，把年幼的孩子压在自己四条腿的板凳下面狭窄的空间里。孩子因为难受，时不时地探头探脑，偶尔舒展一下蜷缩的胳膊和腿。看到这样的新闻，人人都会指责这位妈妈的不负责任。这位妈妈因为麻将瘾太大，所以禁锢了孩子的身体。而有些强势的妈妈则是因为过于强势，无形中限制了孩子的精神和思想，甚至是感情。所以强势的妈妈一定要及时反思自己，不要因为已经把强势当成习惯，就顺理成章继续对孩子颐指气使，禁止孩子做各种各样的事情。

小云的妈妈非常强势，不管小云做什么，妈妈总是反对。渐渐地，妈妈形成了习惯，只要小云一张口，她就不假思索地反对，根本不会顾及小云的想法和感受。

刚刚升入初一没多久，小云就结识了好几个好朋友。一个周末，小云请求妈妈："妈妈，周六下午我想和同学一起去看电影，可以吗？"妈妈当即把头摇得和拨浪鼓一样，连声说："不行，不行。你是女孩，独自出门不安全。你要是想看电影，妈妈和你一起去。"小云为难地说："但是，其他同学都是自己去看电影。我已经长大了，我想和她们一起去看电影。"妈妈有些生气，说："想都别想，现在外面的社会多么乱啊，你要是自己去看电影，出点儿事情怎么办，哭都没地方哭去。说吧，你想看什么电影，我这就买票带你去看。"小云很失望，对妈妈说："算了，我不看了。以后，我也不会再出门了。"妈妈听出来小云的话带着情绪，却没把小云的话放在心上。她暗暗想道：小屁孩，还会和妈妈生气了。

后来，小云每到周末就窝在家里，即使爸爸妈妈要带她出去玩，她也不愿意去。渐渐地，妈妈意识到小云出现问题，带着小云去看心理医生，这才发现小云有抑郁倾向。无奈之下，妈妈只好专门请与小云要好的女同学来家里和小云一起玩，给小云最大的自由，但是小云却丝毫不感兴趣。直到很久之后，小云抑郁的情况才渐渐好转，妈妈再也不敢总是对小云说"不"了。

妈妈太过强势，总是说"不"，严重伤害了小云的自尊心。在最后一次被拒绝之后，小云再也没有对妈妈提出任何要求，也就此关闭了心门，不愿意再和妈妈沟通。幸好妈妈及时意识到问题，否则当小云的抑郁症越来越严重，还不知道会做出什么糟糕的事情来呢。很多父母都觉得抑郁症距离自己的孩子很远，甚至无法想象自己的孩子会患上抑郁症，实际上，每个人都有可能抑郁，因为抑郁从本质上而言是人的一种情绪。只有在抑郁过分严重的情况下，才会发展到病态的程度，所以作为父母除了关心孩子的吃喝拉撒之外，还要关注孩子的情绪，及时发现孩子的异常情绪，这样才能帮助孩子健康快乐地成长。

在妈妈的强势之下，孩子除了会变得没主见之外，还有些孩子会走向另一个极端，那就是在压抑中成长之后，他们早晚有一天会发泄自己，放纵自己，甚至做出触犯法律的事情。这样的结果，当然是每一位为人父母者都不愿意看到的。

当然，强势的妈妈未必马上就能变成和蔼的妈妈，在妈妈有意识调整心态的同时，爸爸要当和蔼的爸爸，才能有效中和妈妈的强势。作为妈妈，要循序渐进改变自己，在听到孩子提出某种要求或者表达某种看法的时候，不要第一时间就否定孩子，而是要保持情绪的平静，和孩子一起分析哪种做法更加可行。在孩子坚持己见的时候，妈妈也要对孩子表示支持，甚至给予孩子中肯的意见，这样才能营造良好的沟通氛围，也才能避免孩子因为总是被强制要求而患上抑郁症。

"听话"的孩子心思太沉重

很多父母在说起自己家的孩子时，总是一脸骄傲地向别人介绍："我家孩子特别听话，对我们言听计从。"孩子听话真的是好事情吗？也许在孩子小时候，听话能够为父母减轻很大的负担，让父母带养孩子更加轻松容易。但是随着渐渐长大，孩子的自主意识越来越强，却依然要说服自己凡事都听父母的，这样的孩子或者没有主见，或者始终压抑自己的思想，必然是非常痛苦的。

假如孩子一直没有主见，遇到任何事情都没有自己的想法，那么孩子长大后如何独立生活？如果孩子有自己的思想和意识，遇到事情也有自己的权衡，却还总是压抑自己，凡事都听从父母的，则渐渐地，孩子就会非常苦恼，甚至严重的情况下，孩子还会患上抑郁症。从父母的角度而言，也不要一味地要求孩子听话，因为每个人都有自己的思想，孩子也许小时候凡事都依赖父母，但是随着渐渐长大，他们也会有主见，那么父母要求孩子听话，只会导致孩子关闭心扉，不愿意敞开真心与父母交流。在长期压抑的家庭教育中，孩子还会患上心病，导致抑郁。

细心的父母会发现，有些孩子之所以听话，是因为他们在父母的强势之下，不愿意与父母沟通。因为父母面对听话的孩子，实际上并不知道孩子的心里到底在想什么，更不了解孩子的心理状态和情绪状态。不得不说，这样的父母与孩子之间就像是有一层隔阂，只会导致亲子沟通出现障碍，无法顺畅进行。

从孩子自身发展的角度而言，听话的孩子往往缺乏创造性，在遇到意外的突发情况时，他们只能被动地等待父母解决问题，而无法积极主动地发挥自身潜力去解决问题。而且，他们对于自己也没有客观正确的认知，常常需要依赖他人的评价来衡量自己。在对自我的迷失中，孩子往往会患上严重的心病，诸如抑郁、焦虑等，有些孩子还会因为自我认知的分裂导致患上精神分裂症，他们内心的我想要找回自我，但是他们在父母面前却总是唯唯诺诺，长此以往，孩子当然会陷入分裂状态，也导致精神异常。为了养育出健康快乐的孩子，父母一定不要把孩子死死看管住，而是要随着孩子的不断成长，给予孩子相应的自由。等到孩子的能力发展到一定程度，足以独立面对人生时，父母还要学会对孩子放手，从而让孩子独立在人生的天空中翱翔，开拓出属于自己的一片天地。

从小，小云就是一个非常听话的孩子，因为妈妈非常强势，所以小云习惯了什么事情都听妈妈的。然而，到了初二，小云有一段时间无论如何也不愿意去上学。爸爸妈妈一开始以为小云是在闹情绪，因而告诉老师小云需要请几天病假。但是时间过去一个星期，不管爸爸妈妈怎么询问，小云就是把自己关在房间里不愿意出来，无奈之下，爸爸妈妈只好告诉老师实情，也当即带着小云去看心理医生。

在心理医生的疏导下，小云终于吐露心声。原来，小云前段时间和班级里的女生发生争执，此后每当看到那个女生和其他女孩说话，就觉得那个女生在说自己的坏话，为此，她再也不愿意去上学了。但是，小云也不愿意把这件事情告诉爸爸妈妈，因为她知道一旦自己把真实情况告诉爸爸妈妈，爸爸妈妈就会劝说她回到学校。她从小就习惯于听爸爸妈妈的话，就会陷入进退两难之中，所以才保持沉默。

孩子听话有什么好处呢？最直接的作用，就是孩子不敢表达自己的真实想法，也不知道如何拒绝父母，最终就会变得非常被动。对于渐渐长大的孩子而言，一味地听话并非是好事情，必须有自己的主见，也能够坚持自己认为正确的见解，他们才能最大限度打开心扉，也才能坚决维护自己。作为父母，在教育孩子的时候一定不要盲目地引导孩子听话，而是要告诉孩子应该有自己的主见，并且要尊重孩子的想法和意愿，这样才能激励孩子继续维护自己的主见。否则，孩子太听话就会失去自我，而且父母也会因为孩子的言听计从，而失去了解孩子的途径。

在漫长的一生之中，孩子只有小时候可以接受父母的照顾和保护，在父母的安排下享受安逸的生活。随着渐渐长大，孩子必然要独自面对人生，在这种情况下，如果已经习惯了依赖父母，他们就不得不承受生活的巨大压力，而且还要承受依赖成性的严重后果。不得不说，这与父母的教养方式有着密切的关系。很多父母对于孩子的成长总是不愿意放手，哪怕孩子已经长大了，他们也依然对孩子亦步亦趋，恨不得凡事都为孩子代劳。而且，对于孩子可以独立做主的一些事情，他们也总是控制孩子，不愿意让孩子按照自己的想法去做。举个最简单的例子，孩子喜欢按照自己的风格布置房间，父母偏偏不喜欢孩子喜欢的风格，因而强制要求孩子按照父母喜欢的风格去布置房间，如此一来，孩子必然很郁闷，也会对父母产生很大的意见。实际上，房间既然是孩子住的，父母就要尊重孩子的意见，哪怕父母不欣赏孩子的房间，只要孩子自己住着干净舒适，孩子就会心情愉悦。

看到这里，也许有些父母会觉得委屈，为自己辩解：我是因为对孩子不放心，为了孩子好，才会管着孩子。的确，孩子的能力有限，无法一下子就把很多事情都做好，但是孩子的成长不就是踩着错误的阶梯前进吗？没有人生而会做所有的事情，更没有人生而全能，父母必须对孩子有足够的耐心，能够引导孩子独立处理一些事情，孩子的能力才能不断提升，孩子也才能最终成长起来。任何时候，父母都不要以听话、乖巧来要求孩子，也不要总是以放心作为是否允许孩子做某件事情的标准。尽量放手让孩子自己做主，让孩子独立承担起责任，这才是爱孩子的最好方式。也许在此过程中孩子会撞得头破血流，也许孩子还会受到伤害，但是不经历无以成经验，父母不可能代替孩子做所有事情，只有帮助孩子成长，才是父母对孩子最该尽到的责任和义务。

孩子好强，很容易抑郁

在成人的社会里，很多人都很好强，凡事都想做到最好，也总是希望自己能够从人群中脱颖而出，出类拔萃。如果能够把压力转化为动力，督促自己不断地拼搏向前，当然是好事情，但是如果不能摆正心态，在与他人的比较中渐渐地迷失自我，就会导致剑走偏锋，走上歪门邪道，或者为此郁郁寡欢，患上抑郁。现代社会，患有抑郁症的人那么多，很多人表面看起来一切正常，却悄无声息地选择结束生命，就是因为抑郁在作怪。

实际上，不仅争强好胜的成人容易患抑郁症，很多孩子因为争强好胜，总是与人攀比，也会有抑郁症的倾向。作为父母，在教养孩子的过程中，不要一味地强求孩子凡事都做到最好，否则长此以往孩子形成思维定式，就会在做很多事情的时候都对自己过于苛求。众所周知，金字塔尖的地方是非常小的，而金字塔的底部非常大，其实在人类社会，大多数人都位于金字塔底部的位置，而只有极少数人能够登顶金字塔尖。为此，父母对孩子的期望一定要适度，过高的期望不但令孩子承受沉重的压力，还会导致孩子索性放弃，破罐子破摔。而不愿意放弃的孩子，在长期求之而不得的痛苦中，就会更加抑郁，最终让自己陷入无法自拔的境地。

小敏是个争强好胜的孩子，从小学开始，在学习上就一直名列前茅，从未让父母操过心。然而，自从升入初一，小敏的学习成绩出现很大的波动，在班级里的排名也从此前小学阶段的前几名，变成了20多名。其实，这一则是因为初中的学习内容和小学截然不同，因而有些孩子需要一段时间去适应，二则是因为小敏就读的是重点初中，班级里的孩子全都是各个小学的尖子生。但是，小敏无法接受这样的现状，为此总是郁郁寡欢，渐渐地居然精神恍惚，在课堂上常常走神，夜晚还会出现失眠的情况。妈妈带着小敏去医院里就诊，医生说小敏神经衰弱，给小敏开了一些药物服用。但是服药之后，小敏也没有出现好转，妈妈只好带着小敏去看心理医生。

心理医生在与小敏进行深入交谈之后，意识到小敏有抑郁倾向，为此单独询问妈妈："你们平日里对孩子在学习方面是不是要求很严格？"妈妈想了想，回答："也还好吧，我们会激励她努力进取，希望她能够在学习方面突飞猛进。""那么当孩子考试成绩不好的时候呢？"心理医生追问。妈妈说:"考试成绩不好的话,我们会和她一起分析原因,找到症结所在,从而有效地帮助她提升成绩。"心理医生问:"你们可以接受孩子成绩出现波动吗?就是不采取措施,让孩子自己去调整。"妈妈摇摇头,说:"通常情况下,成绩出现波动肯定有原因,我们会及时和孩子一起解决问题。"心理医生对妈妈说:"孩子升入初中之后,在学习方面感受到巨大的压力,也因为在班级里排名不如小学阶段靠前,所以她很焦虑,也有抑郁的倾向。我通过孩子了解到,她就读于重点中学,这就意味着班级里的孩子都是曾经小学阶段的佼佼者,所以孩子不能继续保持班级前几名是完全正常的。我建议你们最近不要过分关注孩子的学习,也不要纠结于孩子的排名,舒缓孩子紧张焦虑的情绪,否则孩子抑郁的情况就会越来越严重的。目前来看,心理疏导即可,如果持续抑郁,也许需要药物辅助治疗。"听到心理医生说得这么严重,妈妈也意识到问题的严重性,当即和爸爸通电话,彼此达成一致,短期内都不要过分关注小敏的学习情况,给小敏充足的时间去适应初中的学习生活。

经过一段时间的调整,小敏的状态越来越好,学习上也突飞猛进,升入班级前10名。爸爸妈妈这才如释重负,赶紧表扬小敏:"小敏真的非常棒,不过学习不是最重要的,也不一定非要考取第几名。这样保持下去就很好,或者稍有波动也没关系。人生还有波峰波谷,更何况学习呢,对不对?"在爸爸妈妈的安慰和开导下,小敏在学习方面的表现越来越好,因为心态轻松,她在学习上也不感到吃力了。

很多父母都特别关注孩子的学习,总觉得孩子唯有学习好,才能有好的未来。殊不知,当父母过于看重孩子的学习,无形中就会给孩子形成巨大的压力。对于每个孩子而言,最重要的是身心健康。假如孩子没有健康的心灵，没有强壮的体魄，如何能够应付日益激烈的社会竞争，从而为自己赢得一席之地呢？百年树人，十年树木，其实养育孩子和种树是一样的道理，唯有让孩子扎根深稳，才能让孩子有美好的未来和充实的人生。

父母要想培养孩子的竞争意识，就要想方设法拓宽孩子的眼界，不要让孩子的眼睛只盯着学习，而是要让孩子有更加开阔的眼界，从而让孩子形成大局观。人生之中除了学习，还有很多重要的事情值得我们去关注。此外，为了培养孩子的承受能力，让孩子变得内心强大，父母还要加强对孩子的挫折教育，让孩子习惯于承受压力。很多父母总是一味地认可和表扬孩子，却不知道在父母无限度的赏识教育中，孩子的内心变得越来越脆弱。明智的父母知道，人生不如意十之八九，孩子在未来的人生道路上一定会遇到各种各样的困难。父母唯有不断地引导孩子，提升和完善自我，才能让孩子更加勇敢无畏、从容不迫地面对人生。

11岁前，孩子理应无忧无虑

自从不知道是谁提出了"别让孩子输在起跑线上"的理论之后，越来越多的父母被这个理论禁锢住，陷入无休止的教育焦虑之中。为此，父母望子成龙、望女成凤的心越来越迫切，他们甚至在孩子还没出娘胎的时候就为孩子联系好的幼儿园，在孩子才上幼儿园的时候，就为孩子的小学、初中发愁……如此一步一步地超前考虑，导致孩子的童年也被压缩。很多父母不惜花费很多钱给孩子报名参加各种各样的培训班、兴趣班、补习班，还有很多心急的父母给尚在襁褓之中的孩子报名参加形形色色的早教班，或者不分青红皂白地对娘胎里的孩子开展胎教。不得不说，这样的父母过于焦虑，也剥夺了孩子在童年之中无忧无虑玩耍、尽情享受童年的权利。

随着几十年前独生子女政策的推行，如今大多数孩子都是独生子女，甚至很多"80后""90后"的爸爸妈妈本身也是独生子女。在大城市里，这样4—2—1的家庭结构非常常见，孩子尽管得到了爸爸妈妈和爷爷奶奶、姥姥姥爷无微不至的爱，但是他们却很"可怜"。在钢筋水泥铸就的城市森林中，很多孩子都生活在封闭的房子里，有些孩子的家还很小。他们从一出生就孤零零地长大，父母的爱无法取代同龄人的陪伴，所以孩子的孤独几乎是与生俱来的。尽管孩子在物质方面拥有很多，非常富足，但是他们却开始询问自己"生命的意义在哪里"，这都是因为他们没有感受到生活的快乐。他们不但很孤独，而且还要在父母的安排下度过忙碌的每一天。曾经有人在小学和初中进行过调查，发现孩子少则在外面报了两三门兴趣班，多则在外面报了八九门兴趣班。不得不说，这对于孩子而言是很可怕的沉重负担，也会导致孩子在失去乐趣的同时，承受更多本不该属于小小年纪的沉重负担。

前段时间，南京接连发生两起孩子跳楼事件，一个是高中学生，一个是初中学生。是什么让孩子在本该无忧无虑的年纪里，倍感生活的沉重，宁愿选择死亡，也不愿意继续活在这个世界上？还有些小学生，小小年纪就愁眉不展，似乎从未享受过无忧无虑的快乐。很多父母呼吁要进行教育改革，实际上，最应该改革的是父母的心，唯有父母摆脱教育焦虑，才能避免忽略孩子的情况，给予孩子过重的压力和负担。也就是说，和学校教育相比，家庭教育实际上更大程度上决定了孩子的幸福程度。作为父母，先不要急于抱怨，而是要先反思自己，从而才能给予孩子更好的陪伴和引导。

有一天，妈妈正带着琪琪去上培训班，遇到晓雪也和妈妈坐在公交车上。琪琪遇到晓雪很高兴，问晓雪："晓雪，你要去哪里？"晓雪高兴地说："我要去游乐场。妈妈答应我可以玩到晚上8点呢。"琪琪羡慕极了，当即问妈妈："妈妈，我们可以和晓雪一起去游乐场吗？正好，我还可以和晓雪结伴。"妈妈拒绝："不可以。我们今天要去练字呢！"琪琪不死心，继续争取："练字多去一次，少去一次，也没有关系。妈妈，你就答应我去游乐场吧。"妈妈有些恼火，说："不可以。练字一次都不能少，你上周因为感冒已经少去一次了。"

看到琪琪这么想去游乐场，晓雪妈妈问琪琪妈妈："不去练字的话，课时会作废吗？"琪琪妈妈说："不会的，是按照去的次数计算。"晓雪妈妈说："这样的话，就让琪琪和我们一起去吧，等下次再练字，正好她们也可以一起玩。"听到晓雪妈妈的话，琪琪妈妈马上不高兴地板起面孔，义正词严地对琪琪说："琪琪，不要想七想八的，你今天必须去练字。小孩子如果只顾着玩，将来会有什么出息啊！"听到琪琪妈妈这么说，晓雪妈妈也不好再给琪琪求情，正好到了换乘的地方，她就带着晓雪下车了。

可想而知，琪琪该有多么落寞，在公交车上遇到同学原本是件很高兴的事情，恰巧同学还要去游乐场玩，更是难得。如果妈妈能同意琪琪和晓雪一起去游乐场，对于琪琪而言，这必将是一个难忘的、快乐的日子。遗憾的是，妈妈"坚持原则"，哪怕有晓雪妈妈求情，也决不允许琪琪临时改变计划。就这样，琪琪只能带着遗憾去练字，想到晓雪正在游乐场里玩耍，很难想象琪琪的练字效果究竟如何。

每个孩子的童年都应该是无忧无虑的，遗憾的是，现代社会有太多的孩子都被沉重的课业压弯了腰，也被父母的教育焦虑弄得不知所措。作为父母，一定要在全民教育焦虑的状态下把控好自己，不要因为各种各样的原因就失去了内心的淡定。唯有始终保持平静的情绪，父母才能给孩子支撑起一片晴空，也才能给予孩子无忧无虑的童年。如今的孩子太少接触大自然，他们被困于钢筋水泥的家里，远离伙伴，远离大自然。从本质上而言，每个生命都是大自然的一员，都需要在大自然的滋养下健康快乐地成长。细心的父母会发现，孩子小时候尤其亲近泥土、水和沙子，这正是孩子热爱大自然的表现。遗憾的是，有很多父母都过分限制孩子，不愿意让孩子在大自然中尽情尽兴地玩耍。然而，只有亲近自然，融入自然，孩子才能保持简单纯朴的本性，也才能在长大成人之后拥有美好的回忆。

爱运动的孩子性格更开朗

现代社会，有太多的小胖墩，他们从小就被父母好吃的好喝的供着，渐渐地养成好吃懒做的坏习惯。还有很多孩子由爷爷奶奶、姥姥姥爷负责照顾，隔代亲的疼爱，更使得他们衣来伸手、饭来张口，根本没有任何事情需要自己亲自动手。正是在这无微不至的照顾中，在全方位的安排之下，孩子各个方面的能力变得越来越弱。当走出家庭，走入集体生活，走入社会，他们便束手无策，常常为了自己的无能而感到焦虑不安。尤其是很多孩子都很胖，在体育方面简直就是低能儿，也使得他们的性格越来越抑郁。

科学研究显示，爱运动的人会拥有开朗的性格和良好的心情。然而，偏偏现代社会流行"宅"，很多没有结婚的男男女女都自称宅男宅女，很多已经成家立业有了孩子的男男女女，在一周辛苦的工作之后，整个周末也愿意留在家里放松。但是，父母的行为往往会对孩子造成影响，当父母习惯于留在家里享受空调房间的恒温，无形中也就把孩子关在家里，让孩子也成了宅的一员。这对于孩子的成长是很不利的。的确，对于父母而言，把孩子关在家里，相对安全，父母也可以抽出时间来做想做的事情，而不用像出门在外那样目不转睛地盯着孩子。但是，这样方便省事的方法，对于孩子的成长却极其不利。孩子天生好动，当孩子不愿意动弹的时候，往往认为孩子生病了。当孩子习惯于懒得动弹的状态时，则意味着孩子即将生病。细心的父母会发现，越是在外面疯跑疯玩的孩子，抵抗力越好。特别是当孩子整日被关在空调房间里时，孩子因为缺乏运动，没有进行体育锻炼，体质会很差，智力发育也会受到影响。众所周知，孩子在成长的过程中需要接受外界的刺激，如果孩子总是处于封闭的环境中，则他们的智力发育就会相对滞后。

为了孩子身心健康考虑，明智的父母会及时带着孩子参加体育锻炼，让孩子在自然的天地里吸收精华和灵气，也让孩子的性格变得越来越大方开朗。很多父母一味地关心孩子的学习成绩，却不知道孩子有心理健康，才能获得更好的未来。也许有些父母会感到困惑，不知道应该陪伴孩子进行怎样的体育锻炼，还有的父母总是说自己很忙，没有时间过多地陪伴孩子。实际上，正如大文豪鲁迅先生所说的，时间就像海绵里的水，只要愿意挤总还是有的。诸如跳绳、跑步、踢毽子等运动，都不受到场地的限制，只要想进行，父母就可以和孩子进行相关运动项目。此外，即使在家里，也可以做俯卧撑、仰卧起坐等，对于孩子而言，这些都是随时随地可以做的，也不会占用孩子太多的时间。所以说，不是孩子太懒惰，而是父母太懒惰。当父母以身示范，给孩子树立积极的榜样，引导孩子进行各种各样的体育锻炼，整个家庭都会弥漫着爱运动的氛围，也从而给予孩子的运动创造更多便利条件。

一直以来，苗苗在班级里都属于沉默寡言、毫不起眼的一类，这是因为苗苗非常自卑，总担心同学们瞧不起她，也始终无法顺利地融入班级团体里。对于苗苗的表现，妈妈很担心，几次三番与苗苗谈心，都无法解开苗苗的心结。

升入高年级之后，学校里开办运动会，苗苗报名参加了好几个田径类项目。结果，苗苗出乎大家的预料，表现出在田径运动方面的天赋，为班级赢得了好几个奖项。这次参加运动会，苗苗一下子成为班级里的名人，同学们也都很感谢苗苗为班级争光。妈妈欣喜地发现，苗苗一改昔日的沉默寡言，变得乐观开朗，也能够抬起头、挺起胸脯，与同学们之间进行顺畅的沟通。

通过在运动会上的出色表现，苗苗找到了自信。对于苗苗而言，她借此机会展示自己的实力，也为班级争得荣誉，可谓一举两得。正因为如此，妈妈一直担心的问题也得以解决。看着开心快乐的苗苗，妈妈觉得开心不已。实际上，当孩子出现抑郁症状的时候，父母如果不管怎么开导孩子都无法起到有效的作用，不妨带着孩子进行体育锻炼。当孩子挥汗如雨，渐渐地，他们内心的阴云也会散去，恢复阳光明媚。

需要注意的是，孩子最初参加体育运动的时候，父母除了要为孩子准备好运动的装备之外，还应该告诉孩子运动需要注意的事项。这样孩子在运动的时候才能避免遭到伤害，在运动的过程中更加安全快乐。

第 8 章

小心应对孩子的焦虑——叛逆期的孩子更需要安全感

不仅成人会焦虑，小小年纪的孩子看似无忧无虑，也时常受到焦虑的困扰。尤其是叛逆期的孩子，他们会因为自我意识的增强、对安全感的强烈需求，而陷入焦虑之中。作为父母，不要小看孩子的焦虑情绪，因为焦虑的情绪就像是孩子的噩梦，很有可能导致孩子产生很多与焦虑相关的负面问题。

父母不焦虑，孩子才有好情绪

情绪是会传染的，有的时候，焦虑的情绪会像流行感冒一样在小群体的范围内随意蔓延，导致严重的后果。尤其是对于孩子而言，他们往往非常信任和依赖父母，因而才几个月的婴儿就会观察父母的脸色。当孩子渐渐长大，他们的观察能力更加敏锐，情绪感知能力也逐渐增强，就更容易受到父母焦虑情绪的影响。

在家庭教育中，父母不但要给孩子提供衣食住行，满足孩子的吃喝拉撒，也要努力为孩子营造良好的成长环境，形成积极的生活氛围。如果父母焦虑，整个家庭都会弥漫着焦虑的情绪。反之，如果父母始终保持淡定平和，则在父母潜移默化的影响下，在整个家庭气氛的作用下，孩子也会情绪平静，拥有好心态。每个人在一生之中都会遇到各种各样的难题，即使是孩子，在成长的过程中也会面临很多困惑和障碍。在这些困难面前，一定要保持情绪稳定和愉悦，才能积极地处理问题，才能圆满地解决问题。

小升初考试在即，爸爸妈妈都很紧张，尤其是妈妈，几乎每天都要几次对乐乐说："别紧张，放轻松一些。爸爸妈妈都支持你，只要你尽力考试就好。"原本，妈妈是想通过这样的话帮助乐乐放松心情，没想到，乐乐却变得更加焦虑，甚至出现了失眠的状况。妈妈不知所以，专门去请教老师。老师得知妈妈的表现后，说："如果你想让乐乐把这次小升初当成平时一次普通的期末考试，严肃认真对待，拼尽全力考好，而不要有过多过重的心理负担，你就要和平日里孩子期末考试时的表现一样。"听了老师的话，妈妈恍然大悟：原来，是我把紧张焦虑的情绪传染给乐乐了。

眼看着距离考试还有10天的时间，妈妈没有再提醒乐乐任何关于放松的事情，而是像平时一样对待乐乐，只是在乐乐考试前夕叮嘱乐乐考试一定要认真而已。果然，乐乐的心情也渐渐地放松下来，恢复平静，在小升初考试中考出了非常好的成绩。

显而易见，因为妈妈对小升初很紧张焦虑，所以无形中加大了乐乐的心理压力，导致乐乐也出现失眠的状态。实际上，正如老师所说的，很多父母在大考即将到来的时候，都会安慰孩子不要紧张，但是偏偏是父母把紧张和焦虑传递给孩子，才使得原本平常心的孩子也无端紧张和恐惧。还有些父母虽然一句话也不说，但常常在孩子面前表现出焦虑的样子，孩子也能感受到。

尤其是现代社会，很多父母都把自己的梦想和希望寄托在孩子身上，其实孩子不是父母梦想的继承者，孩子有自己的人生，与其压迫孩子，不如强大自己。作为父母，一定要不断地努力提升自己，让自己成为坚强、智慧的父母，才能给孩子树立好的榜样，帮助孩子渡过很多难关。在全民教育焦虑的时代，父母还要摆正对于孩子学习的态度，不要一味地强求孩子取得好成绩。因为父母的焦虑症总是会无形中影响孩子，从而给孩子负面的影响和作用。所谓金无足赤，人无完人，作为父母，与其强求孩子，不如调整好自己的心态，从而给孩子树立好榜样。

为了避免把焦虑情绪传染给孩子，在与孩子沟通的时候，父母还要面带微笑，保持愉悦的情绪。笑容是每个人最好的妆容，父母愁眉苦脸地面对孩子，和父母精神振奋地面对孩子，所起到的效果将会是截然不同的。

此外，当父母与孩子意见不统一的时候，也不要过分强求孩子，而是要尊重孩子的意见和观点，从而才能更好地与孩子相处，也切实有效地帮助孩子放松心情。

平常心对待孩子的考试

可怜天下父母心，每当到了高考的时候，只要看看考场外面顶着炎炎烈日站在那里等着孩子的家长，就知道作为父母，对于孩子千军万马挤过独木桥的关键时刻——高考，有多么用心和紧张。每当考试的时候，有的父母比孩子更紧张。如果你家的孩子已经开始读一年级，你就会知道老师在班级的QQ群或者微信群里发各种各样关于孩子学习的消息，绝不是危言耸听，而是在给父母施加压力。父母如果心理素质好，能够顶住，孩子就会拥有幸福快乐的童年。父母如果本身就属于焦虑型的，对于孩子的考试总是比孩子更加紧张，那么孩子就会感受到来自父母和老师的压力。

在日常学习中，父母就会经常与孩子上演各种大战，而等到考试来临，父母更是如临大敌，只有极其少数的父母才能保持平常心，从容对待孩子的考试。其实，父母并不奢望孩子能够超常发挥，而只是希望孩子能够正常发挥就好。既然如此，父母就要以平常心对待孩子的考试，而不要总是在考试前给予孩子过大的压力。最好连叮嘱孩子放松这样的话也不要说，否则会无形中让孩子感到情绪紧张。明智的父母对孩子的考试表现得神经大条，绝不过分紧张孩子的考试，也不故意无视孩子的考试，而是会像平日里那样，让一切有条不紊，按部就班地进行。

从心理学的角度而言，过度关注往往会导致孩子的焦虑情绪增长。当然，这并非意味着让父母对孩子的考试充耳不闻，视若无睹，而是要让父母把握合适的度，既不要过于紧张孩子的考试，也不要完全忽视孩子的考试。所谓凡事皆有度，过度犹不及，唯有采取适宜的态度面对孩子的考试，孩子才能正常发挥，不负众望。

马上就要中考了，眼看着家里倒计时用的台历随着时光的流逝变得越来越薄，妈妈的心也不由自主地悬起来。她总是对小丽说："小丽，别紧张，你基础好，底子厚，只要正常发挥，就能考上重点高中。"有的时候，小丽正在复习呢，爸爸也会来到小丽面前，对小丽说："小丽，还是休息一下吧，临阵磨枪不快也光都是骗人的，好好休息才能考出好成绩。"就这样，爸爸妈妈整日轮番上阵，嘴上是让小丽放松、休息，实际上却导致小丽越来越紧张，心中没底。

考试前的那天晚上，爸爸妈妈紧张得连大气也不敢出，妈妈更是把每天雷打不动都要看的电视连续剧都停了。小丽纳闷地问妈妈："妈妈，你怎么不看电视呢？"妈妈做出"嘘"的动作，笑着对小丽说："不看了，不看了，不然影响你复习和休息。"小丽简直无语，只好躲进书房里，避开紧张兮兮的爸爸妈妈。当天晚上，小丽失眠了，就如同一个即将上刑场的人一样，她最害怕的就是次日考试发挥失常，与重点高中失之交臂。好不容易睡着，小丽还梦见自己去考场，无论如何也到不了考场，最后急得从睡梦中哭醒。可想而知，这样糟糕的状态影响了小丽的临场发挥，她只考取了一所普通的高中，而与重点高中失之交臂。

在这个事例中，爸爸妈妈的初衷原本是好的，那就是在考试之前让小丽尽量放松，得到充分的休息，保持愉悦的心情。遗憾的是，爸爸妈妈的方式却是不可取的，他们一次又一次在小丽面前强调，让小丽轻松、休息，实际上反而加重了小丽的考试焦虑情绪。如今，很多家庭一旦孩子面临考试，别说是中考了，就算是日常期中考试、月考、期末考试，父母也会紧张兮兮，恨不得能代替孩子去考场上考出好成绩。实际上，这样的紧张焦虑对于孩子在考试过程中正常发挥没有任何好处，明智的父母会对孩子的考试保持淡定，给孩子营造和平时毫无区别的家庭生活氛围和环境，也帮助孩子在考试过程中正常发挥，考出符合孩子水平的好成绩。

要想淡定对待孩子的考试，家庭生活就要保持日常的规律，一切如常。例如，爱看球的爸爸可以继续看球，喜欢邀请姐妹们来家里小聚的妈妈还是可以和姐妹们聚会，而对于孩子适当的放松和休息，父母既不要阻止，也不要刻意提醒孩子多休息。只有让孩子保持日常的节奏去学习和生活，孩子才能在考试中有正常水平的发挥。此外，一切如常也能有效缓解孩子的紧张和焦虑。总而言之，不管是面对大考还是小考，父母一定要控制好情绪，不要让紧张和焦虑影响孩子。

让孩子感受到父母的爱

孩子的安全感来自哪里？很多父母都没有意识到这个问题，所以才会无所顾忌地伤害孩子稚嫩的心灵，口无遮拦地对孩子说"妈妈不爱你了""你走吧，我不想要你这样的儿子"等诸如此类的话。很多爸爸妈妈都抱怨孩子不理解父母的良苦用心，实际上，是父母不知道孩子对于他们的信任和依赖有多深。作为父母，要想帮助孩子建立安全感，一定要让孩子知道父母是爱他的。唯有在父母无私也没有任何附加条件的爱之中，孩子才能得以健康快乐地成长，才会在遇到任何问题的时候都第一时间向父母求助。

让孩子感受到父母的爱，让孩子确定在任何情况下父母都会坚定不移地爱他们，这一点很重要。很多父母会因为年幼的孩子黏人而感到不愉快，甚至厌烦，殊不知，这正是孩子需要爸爸妈妈的表现。当孩子开始担心父母也许会抛弃他们，他们的内心总是惶惑不安的，缺乏安全感，也常常会在成长之中陷入焦虑的旋涡之中。还有些孩子极度缺乏安全感，当他们从学校放学回到家里的时候，如果没有看到爸爸妈妈，内心马上会惶恐不安，不停地问自己："爸爸妈妈不爱我了吗？他们是不是不想要我了？"当孩子出现这样的担忧状态，作为父母，就要反思自己的言行举止是否让孩子感到焦虑。正常情况下，孩子的焦虑应该处于睡眠状态之中，是父母的不当言行唤醒了孩子的焦虑，让孩子在与父母的相处之中没有安全感，甚至患得患失。

曾经有人说，对于年幼的孩子，不管怎样疼爱他们都不为过，因为这个阶段孩子正在建立安全感，如果父母的爱缺席，或者父母的爱太少，不能满足孩子对于爱的需求，则孩子在成长之后也会对爱生出不安全的感觉。所以父母要爱孩子，要对孩子无私地付出爱，要想方设法帮助孩子建立安全感，才能给孩子的成长奠定坚实的基础。然而，父母除了要照看孩子之外，的确还有很多事情是必须做的，例如，处理工作上的问题，搞好人际关系等。有些父母在离开孩子身边的时候，总是悄悄地走，这会给孩子的内心带来严重的创伤。即使知道孩子不愿意离开父母，即使知道孩子会哭泣，父母也要正面处理问题，告诉孩子爸爸妈妈不得不离开一会儿，去处理一些事情。等到约定的时间到来，父母还要如约出现在孩子面前，这样孩子才会因为父母的归来感到高兴，也重新获得安全感。这样做的次数多了，孩子就会意识到父母虽然暂时离开，但是很快就能回来，渐渐地也就不再那么焦虑了。

尤其是叛逆期的孩子，随着不断的成长，他们的自主意识越来越强，他们既渴望着摆脱父母，独立生活，做出各种选择，也害怕父母会彻底抛弃他们，不以坚定不移的爱作为他们成长的后盾。当犯了错误，他们总是非常惶恐，他们渴望自由，却知道自己还不足以承担所有的责任。在这样的焦虑状态中，孩子是极度缺乏安全感的。所以当孩子犯了错，爸爸妈妈一则要照顾到孩子的尊严和颜面，二则也要考虑到孩子对安全感的渴求，从而不要急于批评孩子，而是尽量理解和体谅孩子，给予孩子一个更完美的解决方案。

3岁的甜甜到了上幼儿园的年纪。一开始，妈妈很担心性格执拗的甜甜哭起来会没完没了，根本不配合上幼儿园。在陪伴甜甜上了两天亲子园之后，甜甜在第三天要独立入园，为此妈妈在把甜甜交到老师怀抱里之后，当即消失在门口。甜甜一开始还以为妈妈会和前两天一样和她一起上幼儿园呢，后来，发现妈妈在门口不见了，甜甜不由得紧张地哭喊起来。妈妈这个时候心里很后悔：采取这样的方式让甜甜突然看不到妈妈，甜甜估计会更紧张恐惧吧。妈妈原本想出面再和甜甜告别，又担心甜甜黏人，就这样怀着愧疚的心情回家了。

第四天的时候，妈妈没有躲藏，而是正面和甜甜告别。果然，甜甜一听到妈妈和她说"再见"，当即哭着回头，朝着教室门外走。老师眼疾手快，把甜甜抱在怀里。甜甜又开始撕心裂肺地哭起来，妈妈对甜甜说：

"甜甜，不要哭，妈妈一会儿就来接你放学回家，好吗？"甜甜当然不会说好，而是继续哭，妈妈再三重复着同样的话，强化甜甜的思想，然后就坚决地挥挥手和甜甜告别。到了中午，因为还在半日园的适应期，所以妈妈准时来到幼儿园接甜甜。看到妈妈出现在门口，甜甜如同出笼的小鸟一样飞奔到门口，扑到妈妈的怀抱里。她的眼圈红红的，似乎因为再次看到妈妈而感动。妈妈抱起甜甜，亲吻甜甜，甜甜又含着眼泪笑起来。就这样，大概一个星期之后，甜甜适应了幼儿园生活，每天早晨和妈妈告别的时候，也不再不顾一切地哭泣了。

正处于人生第一个叛逆期的甜甜还小，才3岁，却因为上幼儿园，不得不承受分离焦虑。很多父母觉得孩子小，什么也不懂，所以和甜甜妈妈第一天在独立园的做法一样，突然间消失，让孩子再怎么哭也找不到妈妈。实际上，甜甜第二天在独立园的表现告诉我们，3岁的孩子已经能够听懂父母的话，也可以接受必须接受的现实。妈妈正面和甜甜告别，告诉甜甜必须独自上学，妈妈中午会来接她回家。就这样，甜甜尽管还是哭泣，却已经明显能够控制自己的情绪。这样的正面面对，让妈妈和甜甜都尽快适应了幼儿园阶段的生活。

作为父母，必须记住，哪怕再怎么生气，或者突然想要恶作剧，都不要告诉孩子"我不要你了"，这句话带给孩子的伤害是父母无法想象的。这句话说起来就几个字，听起来也轻飘飘，却会当即就唤醒孩子心底里始终处于沉睡状态的恐惧感，也会让孩子的小脑袋瓜子不停地想象，生怕自己真的被爸爸妈妈抛弃。因此，在与孩子沟通的过程中，爸爸妈妈首先要把这句话拉入黑名单，在任何情况下都不要说出来，包括类似的、会给孩子带来恐惧感的话，父母也要噤声，绝不要轻易说出口。

除了这些不能说的话之外,还有些父母不知道如何解释孩子从哪里来这个问题,当被孩子问及自己是从哪里来的时候,他们总是会搪塞孩子,或者顺口胡编乱造,说孩子是从池塘里、马路边、垃圾堆里捡回来的。父母把这样的回答当成玩笑,但是缺乏甄别能力的孩子却会把类似的话全都当真。当对于自己的来处产生怀疑,孩子自然会缺乏安全感,也不知道自己应该去往何方。长此以往,孩子会越来越郁闷,也愈发焦虑。所以父母要正面回答孩子来自哪里这个问题,而不要总是对孩子敷衍了事,更不要胡编乱造欺骗孩子。

面对缺乏安全感的孩子,父母要把爱大声地说出来。一直以来,很多父母都把对孩子的爱深藏在心底,而不会当着孩子的面大胆地表达爱。殊不知,孩子需要安全感,而父母赤裸裸的爱的表白,就是孩子安全感最好的来源。当然,除了以语言表达爱之外,父母还要多多关心孩子,在生活中无微不至地照顾孩子,尤其是在孩子内心惶恐不安的时候,父母不要觉得不耐烦,而是要耐心安抚孩子。如果因为工作的原因需要经常离开家,父母还要把离开家的缘由清楚地解释给孩子听,在外的日子里更要经常打电话回家,与孩子进行深入的沟通。

孩子的心灵是稚嫩的,孩子对父母的依赖是深沉的。任何时候,父母都不要对孩子无动于衷,只有积极地回应孩子的呼唤,才能给予孩子安全感。否则,缺乏安全感的孩子很难健康快乐地成长,他们也会因为焦虑,而变得六神无主。

别对孩子怀有过高的期望

如今，很多父母都望子成龙、望女成凤，更有一些父母为了不让孩子输在起跑线上，从孩子很小的时候，就强制要求孩子参加各种各样的培训班。实际上，对于孩子而言，这样的培训班到底有多少意义，又能够对成长起到多大的推动作用呢，这是未可知的。有一点可以肯定，即父母对孩子期望过高，往往会使孩子精神紧张，也使得孩子陷入焦虑之中无法自拔。为此明智的父母不会无限度地拔高孩子，也不会对孩子有过高的期望。他们尽管会对孩子提出要求，但是他们的要求很中肯，也符合孩子的实际情况，是孩子只需要努力地向上争取一下就能达到的。为此，孩子也会在努力之后实现小小成功的过程中，越来越拥有信心，鼓起勇气，勇敢地拼搏，持之以恒地向上。

特别是青春叛逆期的孩子，他们从无忧无虑的童年走过，进入身心快速发展的青春期，他们的自我意识越来越强，希望自己能够独立地面对一切。然而，他们只是心长大了而已，实际上他们的能力和水平还不够，还无法独自处理好所有问题。在这种情况下，父母与孩子的角色关系也出现了巨大的变化，原本父母处于主导位置，现在孩子处于主导位置，父母只需要辅助孩子即可。但是偏偏有些父母不愿意退居二线，他们习惯了凡事都为孩子安排，也习惯了代替孩子做决定，为此还是一如往常地主宰孩子。尤其是父母总是无形中把自己的梦想和希望寄托在孩子身上，而否定孩子的兴趣爱好和对人生的憧憬，导致孩子更加焦虑不安，也与父母的关系更加恶化。

父母的期望越高，孩子再怎么努力也无法达到父母的期望，渐渐地，他们就会产生深刻的挫败感。他们会觉得自己一无是处，也会觉得自己是父母和整个家庭的累赘。从这个角度而言，父母过高的期望还会导致孩子产生罪恶感，产生深刻的自卑心理。尤其是在现代社会，成人承受着巨大的生存压力，与此同时，很多孩子也感到内心疲惫不堪。曾经有研究机构经过调查发现，在不足17岁的青少年中，有相当一部分青少年有严重的心理障碍或者心理疾病。实际上，很多父母也意识到现在的孩子压力太大，因而呼吁进行教育改革，他们却没有意识到孩子最大的压力来源于父母和家庭教育，而并不是来源于老师和学校教育。在这个全民都陷入教育焦虑怪圈的时代，父母一定要保持淡定，才能给孩子支撑起一片天空。

  杨洋是家里的独苗，因而从小就承载着整个家庭的希望。不过，爸爸妈妈并没有像很多父母一样溺爱孩子，而是从小就对杨洋严格要求。在生活上，爸爸妈妈督促杨洋自己的事情自己做，让杨洋不断地提升自身的能力；在学习上，爸爸妈妈要求杨洋必须出类拔萃，还要求杨洋在学好学校内容的前提下，参加各种培训班、补习班。杨洋知道自己是家里未来的顶梁柱，因而也很争气，不管是生活方面还是学习方面，都表现非常优秀。为此，爸爸妈妈也把杨洋视为骄傲，经常当着他人的面夸赞杨洋。爸爸还对亲戚朋友说，希望杨洋以后能够考入清华大学或者北京大学，进入政界，光宗耀祖呢！

  对于爸爸的期望，杨洋觉得压力山大，因为整个县城里每年也就凤毛麟角的人能考入清华北大，虽然杨洋学习很好，但是对于自己却没有这样的信心。渐渐地，杨洋越来越沉默，在又一次考试没有考好时，他离家出走了，说是无颜面对爸爸妈妈。看到杨洋的心事这么重，爸爸妈妈这才意识到是他们过高的期望，给了杨洋无法承受的压力。后来，爸爸妈妈还带着杨洋去看心理医生，心理医生说杨洋患上了焦虑症，而且有抑郁的倾向。此后，爸爸妈妈再也不不切实际地要求杨洋，而是反复告诉杨洋：只要你健健康康、快快乐乐的，比什么都好。

在这个事例中，聪明懂事的杨洋正是因为父母不切实际的期望才陷入焦虑之中。他始终都在努力满足父母对他的期望，所以常常感到身心疲惫。当发现自己无论怎么努力都无法让父母满足时，杨洋不由得焦虑起来，也为自己的前途忧虑。作为父母，一定要把握好合适的度，适度期望孩子，而不要不切实际地要求孩子，甚至以过高的期望带给孩子巨大的压力。

在现实生活中，很多父母习惯性地批评孩子，总认为孩子身上有各种各样的缺点和不足，还有很多难以改正的坏毛病。实际上，父母这样的否定是最容易打击孩子自信心的，也会让孩子在努力却得不到认可的情况下，最终恨不得放弃努力，彻底破罐子破摔。父母在引导孩子制订目标的时候，必须坚持以下两个原则：第一，引导孩子制订目标时，要尊重孩子的主观意愿，而不要过分强求孩子；第二，在引导孩子制订目标时，一定要把目标订得恰到好处，而不要总是把目标订得太高，远远超出孩子的能力水平。记住，只有适度的目标，让孩子在努力去做之后就能实现的目标，才能对孩子起到积极的引导作用，才能真正激励孩子。所谓欲速则不达，道理很明确，告诉我们过高的目标反而会禁锢孩子的发展和成长。

父母关系紧张，孩子是最大受害者

父母是孩子的天地，当父母之间关系紧张的时候，孩子就会产生极度的不安全感，甚至因为冲动做出失控的举动。当然，这里所说的关系紧张未必是指离婚，虽然很多父母一旦感情破裂或者觉得对方不是最合适的人，就会快刀斩乱麻地选择离婚，但是也有很多父母为了孩子维系家庭，或者只是和爱人喜欢拌嘴而已，根本没有严重到离婚的程度。在这种情况下，孩子就会成为最大的受害者，也会在父母的争吵中失去安全感。

尤其是当着孩子的面，父母一定不要因为孩子而爆发争吵。这是因为当孩子认定自己是父母争吵的导火索，他们心中就会升腾起不安的感觉，他们会心怀内疚，觉得正是因为自己的存在，才导致父母不断地争吵。而且作为父母之间的纽带，当父母关系恶化的时候，孩子很难完全保持中立。虽然他们绞尽脑汁希望帮助父母恢复"邦交"，但是他们最终只能无奈地选择和爸爸或者和妈妈站在一边。这样残忍的选择，对于孩子的内心伤害很大，甚至会给孩子的一生都带来负面影响。细心的父母会发现，很多从小生活在不和睦家庭中的孩子，长大之后恐惧婚姻的可能性大大增加。而且，他们因为童年时期性格割裂和扭曲发展，甚至还会导致心理畸形。为了缓解孩子的焦虑，父母一定要处理好关系，非必要情况下，更不要当着孩子的面争吵。

一度，琪琪的爸爸妈妈感情方面出现问题，原本恩爱和睦的他们常常因为一些不值一提的小问题而争吵，导致家里弥漫着硝烟，充满了火药味，琪琪更是整日提心吊胆。

有一天，琪琪放学之后等了很久，也没有等到爸爸妈妈。想到爸爸妈妈最近总是频繁争吵，琪琪担心极了，生怕爸爸妈妈不要她了。为此，她站在校门口伤心地哭起来。爸爸接到班主任老师的通知电话，第一时间赶过来接琪琪。妈妈也闻讯赶来，和爸爸如同仇人见面一般，分外眼红。妈妈到达的时候，爸爸才到达一分钟，刚刚感谢完班主任老师，正准备带琪琪回家呢。妈妈看着琪琪哭红的眼睛非常心疼，责备爸爸："今天早上不是让你来接琪琪的吗？"爸爸也不甘示弱，当即反驳："你什么时候让我来接的？"妈妈说："我不是告诉你我今天要加班？！"爸爸说："我也告诉你我要陪着领导去吃饭呀！"妈妈生气了，吼道："要你有什么用，十天半个月需要你接一次孩子，你总是找各种理由推脱，我和单亲妈妈有什么区别？"爸爸也说："你想当单亲妈妈吧，是不是这样就有机会重新选择了？没关系，随时民政局见。"

虽然琪琪听不懂爸爸妈妈所说的民政局是什么意思，但是琪琪知道爸爸妈妈又在吵架。为此，琪琪突然大哭起来，问："你们是不是都不想要我了？你们是不是要离婚了？"看到琪琪的恐惧表现，爸爸妈妈赶紧停止争吵，都来安慰琪琪。晚上吃完饭，妈妈一本正经对爸爸说："以后，我们不要当着琪琪的面吵架了。琪琪今天心情特别不好，写作业也频繁出错。"爸爸辩解道："还不是因为你总是跟个炮仗一样，我当然是不愿意吵架的。""好吧，好吧，不管怪谁，总之以后不许当着琪琪的面吵架。"妈妈一副偃旗息鼓的架势。

很多夫妻之间的相处模式绝不是举案齐眉、相敬如宾，而是吵吵闹闹。当然，这样的吵闹在夫妻看来类似于斗嘴，是可以让脑袋活泛、思维敏捷的。但是在孩子眼中，父母哪怕是小小的争吵也会给他们带来深深的伤害，让他们惶恐不安，根本不知道如何做才能消除父母的愤怒，维持家庭的完整。所以哪怕是爱斗嘴的小夫妻，当着孩子的面，也不要总是争吵，否则会给孩子带来严重的心理创伤。

此外，父母如果因为教育孩子的问题产生争执，也不要当着孩子的面争吵。因为父母的争吵不但会使孩子感到压力山大,而且会让孩子产生极度的内疚心理,更会因为教育战线不统一,导致家庭教育的效果大打折扣。有些火爆脾气的父母还会当着孩子的面口无遮拦,大打出手,毫无疑问,这是更糟糕的行为。

有很多父母为了增强自己的力量,在与对方争吵的时候总是把孩子也拉入战争之中,让孩子单纯地向着爸爸或者向着妈妈。不得不说,这是挑拨离间的行为,对于整个家庭的稳定没有任何好处。每一个孩子都是父母爱的结晶,也是整个家庭感情的枢纽。唯有父母齐心协力照顾好孩子,全力以赴抚育孩子成长,家庭才能以孩子为中心产生超强的凝聚力,也才拥有强大的力量。

孩子为何患上"恋物癖"

细心的父母会发现,有些孩子特别喜欢某一个玩具,尤其是毛绒玩具,甚至到了长大成人之后,他们也会对这个玩具不离不弃,不管去哪里都带着这个玩具,否则就心神不宁,惶惑不安。这到底是为什么呢?究其原因,这是因为孩子缺乏安全感,所以会把安全感寄托在一个玩具身上。随着时间的推移,他们从主观角度赋予这个玩具深刻的意义和深厚的感情,因而他们也就离不开这个玩具了。

从心理学的角度而言,孩子特别喜欢某个玩具的情况,叫作"恋物癖"。顾名思义,所谓恋物癖就是指一个人特别喜欢某个东西,甚至对这个东西产生了深深的依恋。患有恋物癖的人,对某种东西情有独钟,哪怕有更多的东西来取代他们喜欢的东西，他们也会不离不弃，依然对喜欢的东西一心一意。在孩子之中，恋物癖很常见，只不过每个孩子恋物的轻重程度不同而已。如果是轻微的恋物癖，还可以慢慢引导，但是如果恋物癖很严重，发展到影响孩子身心健康的程度，就要寻求专业心理医生指导，从而帮助孩子渐渐地消除对某种东西的依恋。

通常情况下，孩子依恋的东西是有特殊意义的。例如，很多孩子喜欢自己得到的第一个毛绒玩具，这个毛绒玩具之于孩子，就像是第一个孩子之于父母一样，总是能够得到孩子所有的喜爱。此外，还有的孩子对于亲人的遗物特别喜欢，例如，去世的奶奶曾经买给他们的礼物，他们总是不愿意丢弃。还有的孩子在父母离婚的时候，选择跟随爸爸或者妈妈生活，而对另一方馈赠的礼物，也会通过依恋这个礼物而获得安全感。总而言之，对于这些非同寻常的东西，孩子尽管可以珍惜，却不要盲目地依恋。归根结底，任何东西都是没有感情的，如果说孩子依恋的某种东西给孩子提供了感情，那么就意味着是孩子把深情寄托在这种东西上。

瑶瑶特别喜欢妈妈送给她的5岁生日礼物———一只毛绒玩具小熊。自从得到这只小熊，瑶瑶几乎每天都要抱着小熊才能入睡。一开始，妈妈以为瑶瑶只是喜欢小熊，后来发现瑶瑶对小熊的依恋发展到病态的程度，为此决定带着瑶瑶去看心理医生。在心理医生的分析下，妈妈意识到瑶瑶患有恋物癖，而瑶瑶之所以喜欢这只小熊，就因为小熊是妈妈送给她的。由此，医生提醒妈妈："你平日里是不是很少陪伴孩子，而孩子又渴望你的陪伴呢？"妈妈点点头，说："我工作特别忙，还常常需要上夜班，所以往往是我早晨上班的时候孩子还没有醒来，我晚上回家的时候孩子已经睡着了。虽然在一个屋檐下生活，但是我们有的时候一个星期都见不到一面。"听了妈妈的讲述,心理医生找到病因,说:"孩子肯定是用小熊来代替你了。如果你能多多陪伴孩子,症状就会缓解。"

妈妈意识到问题的严重性,也当即决定要抽出时间来陪伴瑶瑶。为此,妈妈还安排了一次出游,一家三口去距离家只有几百公里的杭州度假一周。然而,在已经朝着杭州行驶一百多公里时,瑶瑶突然大哭大叫起来:"我的小熊呢,我的小熊呢?"瑶瑶哭闹不止,爸爸准备驱车回家去取小熊,妈妈说:"医生说,瑶瑶应该是把小熊当成我了。我都在这里了,我先看看能不能哄好她吧!"就这样,妈妈开始哄瑶瑶,但是瑶瑶还是哭闹。无奈之下,爸爸只好掉头,回到家里,取了小熊,又再次出发。妈妈有些失落地说:"看来,我要重新争取到位置,赶走这只小熊,还是很困难的呢!"爸爸也很无奈,说:"循序渐进吧!"

心理医生说得很有道理,瑶瑶正是因为妈妈长期缺席,所以才会对妈妈送给她的小熊情有独钟。但是妈妈想要争取回来自己的位置并不容易,因为孩子总是需要一个过程,才能学会接纳,也才能学会忘记。妈妈必须加倍努力,以足够的爱与耐心关注瑶瑶,才能让瑶瑶渐渐地放弃小熊,回归妈妈的怀抱。

有恋物癖的孩子,一旦被强制与所依恋的东西分离,马上就会表现出极度的不适应。例如,他们的内心会惶惑不安,他们不知道如何才能恢复镇定,他们总是感到心神不宁,他们甚至在失去某种东西的陪伴之后,不得不把自己关闭在房间里,蜷缩起来。从孩子的一系列行为表现不难看出,孩子对于某种东西的确是特别依恋,所以才不能分离。在这种情况下,父母要怎么做,才能缓解孩子的恋物情结呢?

这要从孩子为何患上恋物癖说起。现代社会,很多父母都忙于工作,根本没有充足的时间和孩子相处，也常常忽略了孩子的情绪感受。在孤独寂寞中成长的孩子，总是感到感情空虚，为此就会把感情转移到某种物体上。从这种意义上而言，有恋物癖的孩子实际上都有轻微的孤独症。看到这里，明智的父母就会知道，在教养孩子的过程中，最重要的不是为孩子提供丰厚的物质条件，而是要给予孩子足够的陪伴，用爱温暖孩子孤独寂寞的心灵。所以要想缓解孩子的恋物情结，应从以下几方面入手。

首先，父母要多多陪伴孩子，即使为了锻炼孩子的自理能力而早早地让孩子分房而居，也要在孩子入睡之前多多陪伴孩子，给孩子温柔的抚触。诸如唱歌或者讲故事给孩子听，与孩子聊天，都是满足孩子情感需求的好方式。

其次，父母要为孩子提供更多的玩具，从而把孩子对于物的喜欢分散开来，而不要把所有的喜欢都用来对待同一种物品。孩子专一固然很好，但是对玩具专一却会让孩子出现心理异常，因而是要避免的。

最后，父母要多多拥抱孩子。在很多中国的传统家庭里，父母羞于对孩子表达感情，为此除了孩子尚且在襁褓之中时，父母会经常拥抱孩子，随着孩子渐渐成长，父母就很少拥抱孩子。不得不说的是，孩子除了肚子会感到饿，感情会感到匮乏，皮肤也会处于饥饿的状态。如果父母有意识地拥抱孩子，经常抚触孩子的头顶、背部，或者拍拍孩子的肩膀，则孩子就会拥有更多的安全感，也就不会因为缺乏安全感而把感情寄托在某个玩具上。

除此之外，父母还可以带着孩子经常去室外游玩，例如去郊外远足，去游乐场里疯狂玩耍，鼓励孩子和同龄人相处，这些都是很不错的方法，都能有效缓解孩子的恋物癖。

第9章

保护孩子的自尊心——孩子失了面子更易逆反

常言道，五月的天，孩子的脸。这句话充分告诉我们，孩子的情绪很容易波动。那么，孩子为何总是反复无常，说哭就哭，说笑就笑呢？其实，这不是因为孩子矫情，而是因为孩子的自尊心强烈，更在乎面子的缘故。细心的父母会发现，如果能够顾及孩子的面子，孩子往往更容易沟通，也更顺从。反之，如果一不小心伤害了孩子的面子，则孩子就会变得更叛逆，甚至故意与伤害自己的人对着干。从这个角度而言，父母在与孩子相处的过程中，一定要保护孩子的自尊心。

孩子为何总是爱哭鼻子

当看到孩子动不动就哭鼻子,大多数父母都会感到抓狂,因为在父母眼中,孩子完全是在无厘头地哭,所以他们哪怕急得抓耳挠腮,也根本无法有效地解决问题。让父母都感到丈二和尚摸不着头脑的是,孩子为何要哭鼻子呢?难道哭泣是好玩的游戏,或者能给他们带来什么乐趣吗?当然不是。

父母既然想不清楚孩子为什么哭泣,他们就会强制喝令孩子不要哭,或者指责孩子太过娇气。殊不知,在这样的指责中,孩子只会哭得越来越厉害,甚至有些伶牙俐齿的孩子还会把负面情绪发泄到父母身上,指责父母。每当这时,父母只能感到很无奈,甚至完全不知所措。当然,大多数孩子的哭泣是有小小起因的,诸如腿不小心磕碰到某些东西上,诸如想要的玩具没有如愿以偿得到。其实,在无休止的哭泣面前,父母反倒没有必要一直纠结于孩子为何哭泣,而应该把关注的焦点转移到孩子哭泣的目的是什么。正如一位名人所说的,幸福的家庭都是相似的,不幸的家庭各有各的不幸。我们也要说,孩子哭泣的原因千奇百怪,但是孩子哭泣的目的都是相差无几的,即他们都想吸引父母的关注,也希望得到父母的爱抚。

常常有父母抱怨自家的孩子总是哭个不停,唧唧歪歪,实际上,这样的孩子通常是因为身体不舒服而哭泣,又想以哭泣来吸引父母的关注,让父母更多地宠爱他们。这也是很多孩子在生病期间变得特别娇气,很难带养的原因。在因为哭泣而从父母那里得到梦寐以求的爱抚之后,孩子们充分见识到哭泣的巨大力量,再也不愿意丢掉这个杀手锏。从这个角度来看,我们也可以说孩子之所以哭泣,是因为他们从未得到父母足够的爱与关注导致的。当父母因为孩子的哭泣而满足孩子的心理需求和感情需求,实际上是在无意间助长孩子哭泣的嚣张气焰。此外,要让孩子变得更皮实,不那么娇滴滴的,父母在给予孩子充分关注的同时,也不要表现出对孩子的过度关心。有的父母带养孩子非常紧张焦虑,哪怕孩子正玩得好好的,他们也会突然摸摸孩子的头有没有发热,或者询问孩子是否感觉到身体某个地方不舒服。这就像是在给孩子消极的心理暗示,很容易使孩子变得更加娇气且爱哭鼻子。

端午节的前一天,爸爸妈妈接受朋友的邀请一起聚餐,把甜甜也带去了。原本,甜甜在家里表现非常好,但是到达宴会的现场,当甜甜看到哥哥和姐姐们都坐在一起,而唯独她单独坐在妈妈身边的时候,就开始闹情绪。当然,这个原因也是妈妈后来经过反思才总结出来的,在宴会过程中,面对甜甜的哭闹,妈妈无计可施,也不知道原因何在。

刚刚开始吃饭,甜甜就拿出自己的口琴,去哥哥姐姐们面前,演奏给他们听。没有得到哥哥姐姐的掌声,甜甜生气地哭起来。后来,甜甜委屈地回到座位上,才开始吃饭,就叫嚷着要吃玉米,对于甜甜的无理取闹,妈妈只好尽量满足,马上喊来服务员,给甜甜单独点了一份甜玉米。玉米上桌之前,甜甜一直在催促着要吃玉米,妈妈也几次三番催促服务员。然而,等到玉米上桌了,甜甜又不愿意吃玉米了。妈妈对甜甜说话稍微严肃一些,甜甜马上就哭哭啼啼,弄得妈妈无计可施:这个孩子今天怎么了,这么爱哭呢,平日里不是这样的啊!直到宴席结束,甜甜马上走过去拉着哥哥的手要回家，妈妈才意识到原来甜甜是吃醋了，看到哥哥和其他姐姐坐在一起，甜甜心里不痛快。

吃饭期间妈妈没有意识到甜甜为什么生气，但是宴席才刚刚结束，甜甜就表现出明显的情绪，才让妈妈恍然大悟。实际上，每个孩子闹情绪，不停地哭闹，都是有原因的，也是有诉求的。作为父母，当然要尽量了解孩子的心理需求，如果不能洞察孩子哭泣的原因，也要有的放矢针对孩子的情况做出解决方案。

当对孩子的哭闹无计可施的时候，在保证孩子安全的情况下，父母可以采取冷处理的方式，让孩子意识到哭闹并不利于解决问题，这样孩子就不会继续使用哭闹的撒手锏。此外，如果明确孩子之所以哭闹，是为了满足某种诉求，那么父母可以直截了当以坚定不移的态度告诉孩子结果，这样孩子意识到结果是不可改变的，也会有所收敛。需要注意的是，即使父母觉得孩子的需求是合理的，也不要在孩子哭闹的时候满足孩子，否则孩子一旦意识到会哭的孩子有奶吃，接下来也许会更加频繁地使用哭闹的招术。此外，在面对非常敏感的孩子时，父母要注意正面应对孩子，而不要以责怪的眼神看着孩子，或者以嘲讽的语气和孩子说话，否则会导致孩子情绪失控，陷入歇斯底里的怪圈之中。最后，不管孩子多么喜欢哭泣，父母都不要给孩子贴上"爱哭"的标签，否则孩子就会理所当然地哭泣，因为他们从父母那里知道自己就是爱哭的孩子。

很多父母面对孩子的哭闹之所以急得抓耳挠腮，就是因为他们急于阻止孩子哭闹，却完全忽略了探求孩子哭闹背后的深层次原因，也没有真正关注孩子的真实诉求。当父母不再盯着孩子的眼泪，而是更多地关注孩子的心灵，了解孩子的心理需求和感情诉求，就能够有效缓解孩子的负面情绪，帮助孩子远离哭闹，恢复良好的情绪。

孩子不愿意见到陌生人

大概8个月的婴儿，就会出现认生的行为。在8个月之前，他们总是咧开嘴巴对着每个人笑，但是等到8个月的时候，他们能够分辨出自己的爸爸妈妈和身边的人，而对于陌生人表现出明显的恐惧情绪。让人惊讶的是，婴儿的认生行为并不会一直持续下去，大概到1岁前后，孩子们的认生行为就会有所改善，也不会再那么恐惧陌生人。然而，也有极少数的孩子会一直认生，直到6岁前后，才会改善认生的现象。

孩子为什么会认生呢？认生，意味着孩子开始产生自己的意识。出生时，孩子并没有自我意识，而是认为自己与这个世界浑然一体。在产生自我意识之后，孩子把自己与外界区别开来，也把外界中熟悉的人与陌生的人区别开来。所以，他们不愿意被爸爸妈妈之外的人抱，也不愿意与完全陌生的人靠近。当然，8个月前后的孩子还没有记忆力，他们记忆力的时间很短暂。在此期间，如果让孩子与父母也分开一段时间，则他们甚至会忘记父母，与父母变得生疏，也就不愿意接近父母。这都是因为父母在他们心中变成陌生人导致的。从心理学的角度而言，6岁之前的孩子认生完全是正常现象，等到6岁之后，如果孩子还总是恐惧陌生人，那么父母就要引起关注，并且及时引导孩子。

有的父母误认为孩子是否认生无关紧要，因此也就忽略了对孩子的引导，任由孩子恐惧陌生人。其实，孩子如果持续认生，在社会交往中就会面临很大的困境，也因为陌生人引起的紧张焦虑，导致他们的心理上产生阴影和负面影响。作为父母，必须及时关注孩子的心理状态和情绪情感的变化，才能有的放矢引导孩子成长，也才能给予孩子最大的成长助力。

可乐5岁了，是一个非常害羞的女孩，也很认生。至今为止，妈妈还记得可乐第一次上幼儿园时的情景。可乐才2岁就上幼儿园了，因而非常胆小羞涩。妈妈通过手机APP看到，可乐常常一个人躲在教室的角落里，其他小朋友都去玩了，可乐还是坐在座位上一动不动。直到半年之后，可乐才渐渐地与老师、同学熟悉起来，也变得活泼一些。但是在陌生人面前，可乐还是很紧张。

转眼之间，可乐已经9岁了。因为爸爸工作调动，可乐随着爸爸妈妈一起搬家到一个陌生的城市。可乐很发愁，因为她换了学校，要重新熟悉老师和同学。上学第一天，妈妈把可乐送到教室门口，可乐却死死拽着妈妈的衣角，无论如何也不愿意走进教室。无奈之下，妈妈只好陪着可乐进入教室，一直等到可乐当着全班同学的面进行自我介绍，妈妈才离开。原本，妈妈以为可乐度过这一关之后，一定能够顺利入学，但是次日，可乐一大早起来又开始闹情绪，无论如何也不愿意去学校。妈妈不知所以，突然想起来可乐一定是认生。无奈，妈妈只好向单位请假，再次把可乐送到学校去。就这样，妈妈接连送了可乐一个星期，还是无法缓解可乐认生的状态。后来，妈妈请来班级里一个人缘很好的女孩，让女孩在家里和可乐玩耍，与可乐当朋友，这才摆脱每天都要送可乐上学的局面，而是让那个女孩来家里找可乐一起去学校，一起放学。

后来，妈妈发现可乐不仅在学校认生，在生活中也很认生。有一次，妈妈让可乐帮忙去超市买酱油，可乐死活也不愿意去，理由就是不认识超市里的收银员，也不熟悉超市里其他买东西的人。妈妈语重心长地劝说可乐："可乐，你总要面对很多陌生人，要勇敢，要学会与人打交道。"但是，这样的劝说没什么作用。无奈之下，妈妈只好求助于心理医生，让心理医生给出建议，缓解可乐的认生状态。

可乐为什么这么认生呢？实际上，每个孩子在8个月前后都会出现认生的状况，只不过有的孩子认生期度过得顺利，很快就不再认生。而有的孩子因为在生活中接触的人很少，或者性格内向，导致他们认生期限度过得很慢，所以才总是认生。为了帮助孩子顺利度过认生期，顺利融入集体的生活，父母在孩子襁褓时期，就应该多多带着孩子接触更多的人。例如可以带着孩子去小区的广场上晒太阳，去超市里购物，也可以激励孩子和同龄人玩耍。还有些父母因为心疼孩子，不愿意让孩子在3岁前后去上幼儿园，而是把孩子留在家里带养，这也会导致孩子认生。

父母必须意识到，即使父母再爱孩子，也不可能永远照顾和庇护孩子。明智的父母不会把孩子圈养起来，而是会给予孩子更大的空间，让孩子自由成长。当孩子因为认生而感到恐惧时，父母要激励他们多多走出家门，接触不同的人，融入小小的社会群体之中。带着孩子上亲子课，也是不错的选择，可以让年幼的孩子更多地与同龄人接触，与老师接触，这对于开阔孩子的眼界、锻炼孩子的胆量，都是效果显著的。

为了避免孩子在认生的阶段被陌生人吓到，父母还可以提醒初次接触孩子的陌生人多多小心，对孩子要温柔细致，这样可以避免孩子对陌生人留下恶劣的印象，也有利于激励孩子主动和陌生人交往。还有一些父母在教养孩子的过程中，总是向孩子灌输陌生人有可能是坏人的观点，虽然能够帮助孩子保护自己，却未免有些矫枉过正，导致孩子对所有陌生人都心怀戒备，这对于拓展孩子的社会交往也是不利的。总而言之，人不能裹足不前，孩子更不能因为恐惧就把自己变成套中人。作为父母，既要保护好孩子，也要激励孩子与他人交往，展开良好的社交，唯有把握好度，孩子才能健康快乐地成长。

单亲家庭孩子心中的阴云

随着社会的发展、经济的腾飞，人们对于婚姻再也没有从一而终的封建思想和观念。恋爱自由，婚姻自主，尽管让很多人都享受到自由的婚姻，但是由此而衍生的问题也日益凸显出来，那就是很多年轻人因为一时冲动而结婚，又因为一时冲动而离婚。如果没有孩子，夫妻离婚是两个人的事情，一旦有了孩子，夫妻离婚影响最大的就是孩子。毕竟父母是孩子的天地，原生家庭是孩子赖以生存的基础。当爸爸和妈妈分开，生活变得如同无根的浮萍一样只能漂泊着，孩子就会失去安全感，感受到极大的不安和恐惧。

孩子越年幼，越需要安全感，而父母的关爱、家庭的幸福和睦，就是孩子安全感的来源。如果父母等到孩子已经成家立业再离婚，对于孩子的影响就会小很多。遗憾的是，感情的事情勉强不来，很多人相爱的时候如同飞蛾扑火，彼此相看生厌的时候，又恨不得马上与对方分开，根本一分钟也不愿意勉强。随着离婚率的节节攀升，婚姻维系的时间也不断刷新最短纪录，据说结婚之后最快离婚的夫妻，只维持了几个小时的婚姻。正是在这样的社会现状下，单亲家庭的孩子越来越多，成为一个庞大的群体，吸引了社会各界的关注。

当孩子还小，根本无法理解复杂的婚姻，也想不通爸爸妈妈为何要在一起，又为何要分开。孩子稚嫩的心灵不能把一切问题都想得很明白，与此同时，他们也会把复杂的问题简单化，却不知道成人的世界绝不是一加一等于二的直接干脆。遭遇离婚之痛的孩子，小一些的孩子不懂得质问父母，只是可怜兮兮地问爸爸或者妈妈为何自己缺失了另一半父母。对于大一些的孩子而言，他们或许情窦初开，或者正处于青春叛逆期，因而他们根本不愿意理解父母，只想以最极端的方式与父母对着干，以此来表达自己心中的愤怒和不解。不管采取哪种方式，父母离婚都给孩子的心中造成了阴影，这一点是毋庸置疑的。作为父母，在考虑婚姻问题时，尽管不需要为了孩子而勉强维持婚姻，却要选择最恰到好处的方式处理好婚姻问题，避免给孩子带来额外的伤害。父母一定要注意，在陷入离婚的旋涡中左右为难、进退两难时，千万不要当着孩子的面说"如果不是你，我早就和你的爸爸（妈妈）离婚了"。这样的表述会让孩子产生罪恶感，甚至觉得自己是爸爸妈妈的拖累，也是爸爸妈妈痛苦的根源。

有些夫妻为了离婚，彼此开撕，原本的相亲相爱变成了相恨相杀，离婚之后形同陌路，也因为离婚闹得沸沸扬扬。这样的结果使人遗憾。还有的夫妻，和平分手，在离婚之后依然是朋友，依然给予孩子不变的爱，从而把对孩子的伤害减轻到最低。让孩子意识到他们依然有爸爸有妈妈，有父母完整的爱。孩子在父母离婚后依然能生活得健康快乐。所以，我们每个人应该理性处理好婚姻问题，因为一旦有了孩子，婚姻再也不是两个人的事情，而是三个人或者是四个人、五个人的事情。

很多父母面对孩子，会故意隐瞒婚姻的真相。其实，是否隐瞒婚姻真相，要根据孩子所处的年龄阶段，以及孩子的心理发育成熟度去权衡，再决定是否告诉孩子一定的真相。归根结底，纸包不住火。早晚有一天，孩子会知道他的父母已经离婚，所谓长痛不如短痛，如果觉得孩子可以承受，也相信孩子能够理解，可以选择在合适的时机告诉孩子真相。此外，很多离婚的夫妻彼此闹得很僵，因而在与孩子相处的时候，总是刻意在孩子面前说对方的坏话。不得不说，这是非常愚蠢的行为，而且会给孩子带来深深的心灵创伤。没有任何孩子希望自己的爸爸或者妈妈是无恶不作的坏蛋，所以父母爱孩子，就要尊重彼此。如果离婚之后还能像朋友一样，为了让孩子在片刻的时间里同时拥有爸爸妈妈的爱，不妨在适当的时候聚一聚，让孩子享受短暂的一家三口的温馨时光。

很多父母因为闹离婚，把所有的注意力都集中在自己身上，而完全忽略了孩子的感受，更没有及时体察孩子的情绪变化。父母要意识到，当婚姻出现变故，对于父母而言也许是不爱对方而已，而对于孩子而言，他们感受到的爱减少了一半，他们的生活中也少了一个重要的、不可或缺的人。所以不管孩子跟着谁生活，作为父母，本着对孩子负责任的态度，都要更多地关注孩子的内心活动和心理变化。对于单亲家庭的孩子，父母一定要给予孩子更多的爱和关注，才能让孩子不落寞，也一定要告知孩子，父母对他的爱从未有任何改变，孩子才不会失去安全感。

女孩爱美是正常的心态

很多父母会发现，小女孩特别爱美，才两三岁的时候，就会模仿妈妈的样子化妆，也会根据自己的喜好去选择衣服。为此，父母总是说孩子臭美，甚至对于孩子表现出对美的一切追求都不屑一顾。从本能的角度而言，人人皆有爱美之心，如果父母能够引导孩子正确地认知和欣赏美，那么对于孩子的表现将会起到更加积极的推动作用。反之，如果父母不能接受孩子爱美的现状，也总是对孩子追求美嗤之以鼻，则会伤害孩子脆弱敏感的自尊心，也会导致孩子在美丽的事情面前失去自信。

当孩子表现出追求美的强烈倾向和表现时，父母一定要客观对待孩子，也用心观察孩子。尤其要注意留神观察孩子的各种需求，从而爱护孩子刚刚萌芽的爱美之心。当孩子有爱美的表现，父母还要给予孩子更多的理解和爱，并且给孩子以美的熏陶和启迪，从而让孩子的内心充满阳光，积极向上。具体而言，父母要做到以下几点。首先，当孩子偷偷摸摸地使用妈妈的化妆品时，父母要告诉孩子"宝贝，你不化妆也非常美丽"。实际上，孩子之所以用妈妈的化妆品，就是因为觉得妈妈化妆之后很美，一味地禁止孩子使用化妆品，根本不利于解决问题，更好的方法是告诉孩子她们很美丽，无须化妆品的装点。其次，细心的父母还会发现，孩子爱上了妈妈的高跟鞋，总是趁着妈妈不注意的时候穿起高跟鞋，哪怕走路的时候不小心被鞋子绊倒，也不哭泣。在这种时候，妈妈可以为孩子准备几双漂亮的平底鞋，并且告诉孩子穿着高跟鞋不方便跑跳，穿着平底鞋更加安全。最后，父母在为孩子选购衣服的时候，既然孩子已经有自己的主见和审美倾向，就可以让孩子自己选择衣服，并且及时给予孩子中肯的意见。这些现象在四五岁的小女孩身上就会出现，等到孩子进入青春叛逆期，各种表现会更加明显。所以父母要非常用心地关注孩子的审美表现，也要引导孩子不要只关注外在的美，也要更加关注内在的美。为了提升孩子内在的修养，帮助孩子深刻认识美丽的含义，父母还可以引导孩子读书，帮助孩子不断提升内涵。

小美才4岁半，却已经非常有主见了。每天早晨起来，小美不愿意穿妈妈为她挑选好的衣服，而坚持要穿自己选择的裙子，有的时候天气寒冷，无法穿裙子，妈妈和小美之间就会僵持不下，甚至产生冲突。

有一天，小美早早起床为自己挑选了一件白纱裙，妈妈发现外面在下雨，气温有些低，因为对小美说："小美，今天有点儿冷，不能穿裙子，等到出太阳的时候，咱们再穿裙子，好不好？"小美把头摇得如同拨浪鼓一样，说："不嘛，不嘛，我就要穿裙子。"就这样，妈妈拿着上衣和裤子站在小美面前，小美则伸开腿坐在床上，不愿意穿，怀里还抱着自己挑选的裙子。足足过去10分钟，妈妈生气了，把衣服扔到床上，自己去吃早餐。等到妈妈吃完早餐，看到小美还是坐在床上，噘着小嘴，不由得生气地吼道："你这个丫头简直是妖精投胎吧，这么冷的天，非要穿裙子，只有妖精才这么做。你要是再不穿上裤子，我就把你所有的裙子都扔掉。我告诉你，小美，穿裙子的女孩都是坏女孩，你要当坏女孩吗？"妈妈歇斯底里说完这番话之后，小美似乎受到了惊吓，乖乖地拿起妈妈扔在床上的衣服穿上。次日，天气晴好，妈妈拿出裙子给小美穿，小美却不愿意穿了。妈妈意识到小美的改变，也知道自己当时说话太过粗糙，因而想办法弥补，常常以美丽的裙子诱惑小美，好不容易才让小美再次对裙子动心。

不得不说，小美妈妈的话的确很过分，对于一个才4岁的孩子说出这样的话，孩子虽然小，也会有所感觉。对于小美而言，喜欢穿裙子也是人之常情，但是妈妈却没有控制好情绪，对小美说出失控的话，导致小美稚嫩的心灵受到伤害。

孩子3岁前后处于叛逆期，对于这个阶段的孩子，很多父母觉得孩子年纪小，在与孩子沟通、教育的时候，往往不讲究方式方法，导致无意间伤害了孩子的心。实际上，越是年幼的孩子，自尊心越敏感，情绪状态也不稳定。作为父母，一定要用心地与孩子相处，才能给予孩子最好的引导和帮助。常言道，爱美之心，人皆有之，父母一定要启蒙孩子对美的认知，这样孩子才会对生命也充满热爱。

让孩子知道人生总有输赢

很多父母会发现，孩子是输不起的。一旦在比赛中输掉，或者没有如愿以偿获得期望的名次，孩子马上就会表现出很焦灼的模样，也会对于自己的各个方面都觉得不满意，甚至产生自卑的心理，完全否定自己。对于这样"脆弱"的孩子，很多父母都感到担忧：孩子有一颗玻璃心，将来如何面对残酷的社会竞争呢？实际上，孩子输不起很正常，这完全符合儿童的心理发展规律。在孩子心中，他们想当然地认为自己应该把每件事情都做到最好，因为唯有如此，他们才能够得到别人的认可，也能得到别人慷慨的赞美。遗憾的是，孩子还小，对于自己没有客观理性的认识，因此他们在很多方面都不够成熟，也无法发现自己的缺点和优点。为此，很多孩子对于自己的认知都过高，一旦在游戏或者比赛中输掉，他们就会感到非常失落，甚至因为别人比自己强而大发脾气。

通常情况下，输不起的孩子有两种行为表现：第一，他们在输掉之后会情绪低落，甚至情绪冲动，导致做出过激的举动；第二，他们在输掉之后，会采取逃避的态度，不愿意正面面对，也不敢再次参加各种形式的竞赛。不管是做出哪种行为表现，孩子在失败之后都很容易一蹶不振，也无法积极地面对和继续参与竞争。

实际上，胜败乃兵家常事，没有人会永远胜利，也没有人会永远失败。现实生活中，作为父母，当发现孩子在挫折面前情绪焦虑的时候，一定不要给孩子施加额外的压力，而是要以平静的心态面对孩子的比赛失败，从而引导孩子也积极健康地看待问题。遗憾的是，很多父母对于孩子的胜负输赢看得非常重，甚至连孩子在一次小小的考试中失利都不能容忍，试问，如果作为父母都这么急功近利，孩子又如何能以平常心面对生活中的很多困境和不如意呢？孩子还小，对于自我缺乏客观理性的认知，很多时候，他们因为信赖父母，就把父母对他们的评价作为自我评价，由此可见，父母之于孩子绝不是衣食父母那么简单，而且父母的言行举止还会严重影响孩子的自我评价和表现。因而父母一定要端正心态，以平常心看待孩子的输赢，也引导孩子正确面对输赢。唯有让孩子输得起，也赢得起，孩子在未来长大成人走入社会之后，才能在社会竞争中泰然自若，才能怀着积极的心态面对人生的起起落落。

如何提升孩子的心理素质，让孩子能够平静面对输赢呢？

首先，很多父母在和孩子玩游戏的时候，总是故意让着孩子，让孩子获得胜利。看起来，这给了孩子短暂的满足和快乐，实际上却会导致孩子渐渐地习惯于赢，而不能接受输。父母应该有意识地战胜孩子，让孩子品尝到输的滋味，这样才有机会引导孩子分析输掉的原因，也让孩子意识到每个人都有可能输掉，也有可能赢得，从而以平常心接受失败。

其次，在给孩子讲故事的时候，父母一定不要只告诉孩子那些伟大人物是如何获得成功的，而要重点告诉孩子很多大人物的成功并不是一蹴而就获得的，而是在失败之后，汲取经验和教训，才能踩着失败的阶梯不断进步，从而获得的。唯有如此，孩子才不会误以为成功是唯心主义的结果，而认识到要想成功必须不断地接受挑战，也持续地突破自我，从而才能真正获得成功。

再次，避免要求孩子每次都考满分，也避免要求孩子在一切竞赛中都获得第一名。没有人能始终获得满分，更没有人能在所有比赛中都出类拔萃，拔得头筹。人生不如意十之八九，很多人在人生的道路上都会遭遇坎坷挫折，甚至也可以说陷入困境是人生的常态。作为父母，也不要拼尽全力把孩子照顾得无微不至，适当地让孩子吃一些苦，比给孩子更多的甜蜜更加重要。尤其是当孩子习惯了凡事都当第一时，他们内心的压力也会非常大，甚至当有一次考试不能当第一的时候，他们就会怀疑自我，也会产生忧郁和焦虑。

最后，如今有很多孩子都是独生子女，不仅他们是独生子女，他们的父母也有可能是独生子女。在这样特别的4—2—1家庭结构中，孩子们享受着父母和长辈所有的爱，也因此而变得越来越骄纵。他们理所当然占有家里所有好吃的、好喝的、好玩的，而且对于父母和长辈的付出，也觉得习以为然。尤其是很多父母和长辈特别溺爱孩子，总是把自己认为最好的、孩子最想要的一切都给孩子，在如此顺遂的环境中长大的孩子，自身对抗挫折的能力几乎没有，走入社会之后稍有不如意就无法接受。明智的父母不会无原则、无限度地满足孩子，甚至还会故意与孩子争抢，让孩子感受到愿望不能得到满足的失落。这其实是对孩子进行一种免疫，让孩子具备承受失落的能力，也避免孩子误以为世界就应该是他们想象中的样子。

总而言之，这个世界绝不如想象中那么美好，作为父母除了要照顾孩子的吃喝拉撒，满足孩子一切合理的生理需求之外，更要关注孩子的心灵健康，抓住一切机会锤炼孩子的心性，让孩子意识到唯有努力向上，才能持之以恒地进步，唯有接受不如意，才能换来人生的成功。

此外，父母是孩子的第一任老师，也是孩子最好的学习榜样。作为父母，不管自身性格如何，在有了孩子之后，都要认真理性地面对问题，积极乐观地解决问题。毫无疑问，作为成人，父母在生活中承受着更大的压力，也往往面临更多的困境。然而，天无绝人之路，无论如何，父母都不要在孩子面前唉声叹气，更不要有任何消极的言辞和行为。父母应该表现出积极的样子，可以让孩子意识到父母正在面临难题，却不要让孩子感受到任何悲观和绝望。看到父母努力战胜困难的样子，孩子在未来遇到难题的时候，也会仿照父母的行为去做。所谓身教大于言传，由此也可以看出父母以身示范对孩子的巨大影响作用。

第 10 章

积极了解和引导——帮助孩子解决青春期的烦恼

提起青春期，很多父母都会如临大敌。的确，一直以来关于青春期的各种问题，都让父母焦灼不安且不知道如何应对。为了帮助孩子更好地度过青春期，卓有成效地解决青春期的烦恼，父母要积极了解孩子、引导孩子，更要以爱和包容帮助孩子，从而给予孩子更美好幸福的未来。

父母引导不当，青春期问题频现

进入青春期之后，孩子的身心都处于快速发展和变化之中，导致孩子不管是心理状态，还是精神与情绪情感方面，都面临很大的压力。作为父母，假如不能及时有效地处理好这些问题，孩子就有可能在各个方面出现各种各样的问题，甚至还会导致严重的心理偏差和行为异常。然而，当与青春期孩子的相处出现问题，很多父母都会感到无计可施，也会对孩子故意放手，不得不说，这样的父母是不负责任的。对于孩子而言，青春期恰恰如同人生的危险区，孩子需要在父母的引导下才能顺利度过。父母一定要用心地把握孩子，带着孩子走出人生的困境，从此一片柳暗花明。

记得有一部电视剧的名字叫作《当青春期撞上更年期》。的确，如今有很多夫妻结婚比较晚，因而当孩子进入青春期的时候，父母已经人到中年，开始进入更年期。原本，只有青春期的孩子像行星，父母像稳定的恒星，但是一旦父母进入更年期，也从稳定的恒星状态进入快速前进的行星状态。可想而知，当这样的两颗行星相撞击，场面将会是多么惨烈。

很多父母都觉得内心不平衡：孩子是我辛辛苦苦怀胎十月生出来的，也是我一把屎一把尿养大的，为何一夜之间就与我成为仇人了呢？遗憾的是，孩子与父母之间的关系绝不能用付出与收获来简单衡量。哪怕父母此前为孩子付出再多，随着孩子不断的成长，孩子的人生面临更多的困境，父母还是依然要为孩子的成长买单，继续为孩子的健康快乐而付出。特别是在青春期，不管父母自身有多么艰难，也不要对正处于青春期的孩子放手。因为对于青春期阶段的孩子而言，父母的放手不仅仅是放手，更是放纵，很容易让孩子因为失控而走上犯罪的道路。当父母放手，孩子就会问题频出，父母也就不要抱怨孩子的成长脱离轨道了。

有一对做生意的夫妻因为身体原因，始终没有自己的孩子。就在他们年岁渐大的时候，妻子怀孕了。对于即将年过半百的夫妻而言，这简直是天大的好消息。孩子出生之后，他们把孩子当成手心里的宝，真正是含在嘴里怕化了，捧在手里怕摔了。就这样，在父母无微不至的照顾下，孩子渐渐长大，从小衣食无忧、一切愿望都被满足的生活，让孩子变得越来越娇纵。

转眼之间，孩子成为半大小子，已经12岁了。看着聪明伶俐的孩子，爸爸越看越喜欢，每次奔赴饭局的时候也都会把孩子带上。爸爸爱喝酒，在孩子小时候，就经常用筷子蘸酒给孩子喝，如今孩子大了，在酒局上想要喝两杯，爸爸也绝不阻挠。因此，孩子小小年纪就爱上喝酒，还常常大手大脚地花钱。渐渐地，社会上的小混子知道孩子有钱，就围绕在孩子身边转，让孩子请他们喝酒。为了控制孩子，小混混们还引诱孩子赌博，让孩子输很多钱给他们。得知这样的情况，爸爸也没有反对，反而夸赞孩子："多个朋友多条路，我儿子要是朋友遍天下，将来一定会有出息的。"后来，孩子索性退学，一边和爸爸学着做生意，一边和狐朋狗友来往。最终，孩子因为懵懂无知，被小混子们利用去贩毒，锒铛入狱。

在这个事例中，孩子之所以最终走入歧途，并不是因为他天性顽劣，而是因为爸爸对于他的一切表现都很放纵，才导致他变本加厉，也因为没有形成正确的是非观念，不能理性地把握自己，他才最终走到人生的歪路上,变成了一名罪犯。古人云,子不教,父之过。在这个事例中,充分说明父亲对于孩子的放纵,是导致孩子人生失控的根本原因。

在教育孩子的过程中,父母一定要有足够的耐心,对孩子"防微杜渐"。很多父母总是放纵孩子,或者为了自己的一时轻松,就对孩子的学习和成长不闻不问。他们或者只给孩子提供丰厚的物质条件,或者完全不负责教养孩子,而把孩子交给老人负责养育,不得不说,这样的父母根本不配生养孩子。所谓养,指的是父母在孩子小时候要负责养育孩子,所谓教,指的是父母除了满足孩子的基本生理需求之外,更要注重引导孩子的精神,充实孩子的感情。只有把教养两个方面都做到位,父母才能与孩子之间有更深厚的感情,也才能真正引导孩子健康快乐地成长。

如何对待已经早恋的孩子

提起青春期,很多父母最担心的其实是孩子的早恋问题。的确,哪个少男不钟情,哪个少女不怀春。对于青春期的男孩女孩而言,他们不断地成长,身心快速发展,在感情方面也有更多需求,因而爱慕异性完全是正常现象。细心的父母会发现,在荷尔蒙的刺激下,原本在小学阶段对于异性避之不及的孩子,在进入小学高年级或者初中之后,会对异性表现出莫名的好感。正因为如此,如今在小学高年级和初中,孩子早恋的情况时有发生,人们已经见怪不怪。

孩子之间相互产生爱慕之心,彼此有好感,就一定是早恋吗?很多情况下,孩子只是单相思喜欢某个异性,有极少数的孩子会与异性相互喜欢，这种感情是懵懂的，与爱还远着呢！正是父母过分紧张，才会把早恋这顶大帽子不由分说地扣在孩子头上，导致孩子对于早恋的问题也非常紧张。

如何区分孩子的早恋倾向与早恋呢？毕竟早恋倾向与早恋之间，是有本质区别的，也会极大程度上影响父母对待孩子的方式。例如，原本不喜欢打扮的孩子突然很关注自己的外表，不但经常在镜子前面搔首弄姿，而且还要求父母买他们选中的衣服，这说明孩子有了心仪的对象，希望自己能够吸引对方的注意，赢得对方的喜欢；再如，孩子学习成绩突然出现大幅波动，上课总是走神，写作业也完全心不在焉，这也意味着孩子的内心出现变化，从而才会导致孩子对于学习完全不在状态。此外，如果孩子的性格突然改变，父母也要留神，外向的孩子突然变得内向沉默，似乎有很多的心事，也有可能是受到感情的困扰；孩子突然对家里的电话铃声特别敏感，或者经常捧着手机看个没完，都有可能是爱情在萌芽……父母一定要火眼金睛，准确根据以上这些迹象辨识孩子到底是有早恋倾向，还是已经真正进入早恋状态。然而，不管孩子是否真的在早恋，父母对待孩子时态度都要温和细致，而不要简单粗暴。

所谓哪里有压迫，哪里就有反抗。当父母对涉嫌早恋的孩子采取强制的措施，孩子很有可能因为逆反心理，而对早恋变本加厉。所以明智的父母不会盲目限制孩子，更不会随随便便就给孩子扣上早恋的大帽子，否则，反而会对孩子早恋起到推动作用。父母要循序渐进引导孩子，让孩子原本懵懂的感情向着友谊的方向去发展，这样孩子才能避开早恋的误区，也跟异性同学之间建立良好的友谊。具体而言，父母要做到以下几点。

第一，通常情况下，家庭不和睦、不能从父母那里得到充足的爱的孩子，更容易早恋。这样的孩子往往内心空虚，为了排遣内心的忧愁苦闷，他们往往会选择早恋，从而滋润自己干涸的感情戈壁滩。由此可见，要想预防孩子早恋，父母一定要为孩子营造幸福温馨的家庭环境，也要给孩子足够的爱，让孩子拥有安全感，在遇到任何问题的时候都可以放心地向父母求助。

第二，不要压制孩子早恋的倾向，而要耐心引导，否则只会导致孩子变本加厉，也会让孩子因为一时冲动做出更出格的举动。很多父母对待孩子早恋的态度是粗暴的，处理问题的方式是简单的。殊不知，青春期孩子的感情非常细腻，父母再也不要把他们当成什么都不懂的孩子对待。唯有让青春期孩子心服口服，他们才会心甘情愿改变自己的言行举止，让自己回归到正常的学习和生活轨道上来。否则，父母的管束就会对他们起到反向推动的作用，导致他们的行为越来越过激。

妈妈发现小叶突然变得爱打扮起来。原本，小叶是不喜欢涂脂抹粉的，也不像其他女孩子那样喜欢穿漂亮的裙子，总是像个男孩一般大大咧咧，不修边幅。为此，妈妈不知道说了小叶多少次，让小叶把自己当成女孩，小叶总是无动于衷。但是，妈妈发现小叶最近开始喜欢穿裙子，不但让妈妈给她买了好几条漂亮的裙子，还用自己的压岁钱买了两双带点跟儿的皮鞋。换作以前，小叶打死也不会这么穿，她只钟爱运动鞋。有一天吃饭的时候，小叶不知道收到了谁的微信，居然两颊绯红。妈妈开始感到紧张：小叶正在读初二，在这个节骨眼上，不会早恋了吧？

妈妈开始留神小叶的一举一动，最终断定小叶一定是早恋了。然而，妈妈也知道，青春期的孩子很叛逆，如果强制要求小叶终止早恋，一定会遭到小叶的激烈反抗，为此，妈妈决定找到一个合适的时机旁敲侧击地和小叶聊一聊。

有一个周末，爸爸正好出差不在家，妈妈决定借此机会和小叶谈一谈。那天中午，妈妈点了小叶最爱吃的必胜客比萨送到家里，和小叶一起愉快地吃午餐。看起来，妈妈兴致很高，还播放了一首老歌，然后有感而发，对小叶说："听到这首歌，我感觉又回到了20多年前。那个时候，我和你一样大的年纪，正在读初中。你呀，和妈妈一样是个美人坯子，当时学校里有很多男生都喜欢妈妈，还有人给我递纸条呢。"听到妈妈说起这个话题，小叶感到很高兴，当即问妈妈："那么，妈妈，你有喜欢的人吗？爸爸是你的初恋吗？"妈妈笑起来，说："当然有啊，不过不是爸爸，我和爸爸是读大学时候才认识的。当时，在诸多的追求者之中，我只喜欢一个叫李运的男孩。那个男孩瘦瘦高高的，是班长，而且脾气很好，很有耐心，就像是全班同学的大哥哥一样。"小叶瞪大眼睛、张大嘴巴听妈妈讲着，然后问："那么，你们为什么没有在一起呢？"妈妈说："我们那不是爱，只是喜欢而已。有的时候，我们还会写小纸条，是因为当时通信没有这么方便。现在多好，直接微信、QQ，就可以随时保持联系。后来上高中，我们考到不同的学校，就自然分开了。"小叶有些困惑："真正的爱情，不会被这么点儿距离就结束了吧！"妈妈点点头，说："当然，真正的爱情能够经得起时间和空间的考验，但是初中时代的所谓初恋，只是懵懂地喜欢。因为初中的时候我们自以为什么都懂，也觉得自己长大了，到后来才发现，包括高中时期都是很稚嫩的。只有在进入大学之后，对于人生有了更明确的规划，爱情才有可能延续下去。"听到妈妈这么说，小叶陷入沉思，似乎在考量自己的爱情。

妈妈说："真正幸福的爱情，是在对的时间遇到对的人，这样才不会枉费感情的付出。我很庆幸自己当时只是喜欢，没有做出更进一步的发展，因为我努力学习，成就更好的自己，才会遇到爸爸这么优秀的男性，也才拥有你这样健康美丽聪慧的女儿。"听了妈妈的话，小叶点点头，说："爸爸真的很优秀，我将来也要找到和爸爸一样的人。"妈妈认可地点点头，说："我女儿这么优秀，将来很有可能找到比爸爸更优秀的另一半呢！不过，前提是现在就要努力成就自己，遇见更好的自己，一切才有可能。"

经过这次交谈，妈妈发现原本心神不宁的小叶变得淡定起来，又开始把大部分心思用于学习上。虽然小叶不再大大咧咧像个男孩，但是女为悦己者容，妈妈也是可以理解的。看到小叶期末考试的成绩比起以前还有所进步，妈妈悬着的心终于放下来了。

在这个事例中，小叶的行为表现非常明显，种种迹象告诉妈妈她已经开始早恋。幸好，妈妈对于原本就很独立且有主见的小叶，没有采取强迫的方式，而是选择利用爸爸不在家的好时机，和小叶说些母女间的悄悄话。因为妈妈的话题是从一首老歌开始，所以小叶也没有生出疑心，反而对于妈妈的很多话都能够听得进去，也能够心甘情愿地接受。无疑，妈妈成功地引导了小叶，让小叶成就最好的自己，才能得到最幸福完满的爱情。

第三，与孩子谈论爱情，还可以和孩子憧憬未来的爱情，而不要对爱情讳莫如深，避免孩子对爱情产生过度的神秘感。很多父母一旦提起爱情，就总是对孩子讳莫如深，殊不知孩子对于爱的觉醒并不因为父母避而不谈就会有所改变。明智的父母会正面对孩子进行爱的启蒙教育和性的教育，而不会刻意回避，以免孩子感到更加好奇。就像在西方国家，很多父母在孩子面前会自然地做出亲昵的举动，这样一来，孩子会觉得爱是很正常的存在，也不会因为好奇而偷尝爱的禁果。生命的历程是自然的，生命的规律没有任何人能够打破。父母要用心地陪伴青春期的孩子，也要学会与孩子用心地交流，倾听孩子的心声，理解孩子对于爱的渴望和憧憬。唯有父母心态好，孩子对待爱情才会从容。

孩子为何很容易学坏呢

细心的父母会发现，青春期孩子很容易学坏，这是为什么呢？按理来说，青春期孩子长大了，有自己的思想和主见，应该能够做出正确的判断，从而远离那些坏人坏事才对。但是，偏偏青春期孩子在与同龄人在一起的时候很容易学坏，这都是从众心理导致的。

青春期孩子很喜欢从众，而且在与众多同龄人在一起玩耍的时候，他们还很有从众的压力。所谓压力，就是外部的推动力量，青春期孩子也许不想从众，但是为了与同伴更好地相处相容，他们不得不被迫从众，和同伴们做出相同的举动，这就是从众的压力。众所周知，在心理学领域，从众行为的表现是很明显的。青春期孩子在与同龄人相处时，他们更喜欢人云亦云，也喜欢做出和他人一样的行为举动。这样一来，他们在群体之中才不会感到别扭，也才能够更好地与同伴相处。具体在生活中，青春期孩子的从众心理表现在很多细节方面，例如看到同伴留长发，他们也会留长发；看到同伴染发，他们也会染发；甚至连同伴穿了什么样式的衣服或者鞋子，他们也会跟风……总而言之，青春期孩子的跟风无孔不入。一旦发现同伴做出错误的行为举动，他们却没有足够的定力坚持原则、表示拒绝，也就会跟着做出错误的举动，这就是青春期孩子很容易学坏的根本原因。

小小人如其名，长得非常小巧。为此，他只能通过结交朋友来让自己的力量变得强大，也免遭欺负。这不，才刚刚上初中没多久，小小就认识了好几个朋友。每当小小被欺负的时候，这些朋友都会帮着小小。一开始，小小还很高兴，因为这样就没有人敢欺负他了。但是，没过多久，小小就觉得自己骑虎难下了。

这些朋友有的是小小的同班同学，还有的是学校里其他班级的学生。平日里上学，他们没有时间在一起玩，便趁着周末的时候结伴出去玩。孩子们AA制，大吃了一通，吃到高兴的时候，几个稍微大两岁的孩子，还向服务员要了几瓶啤酒。小小一开始拒绝道："爸爸说，孩子不能喝酒。"小小的这句话让大家全都笑起来，大孩子还嘲笑小小："小小，你爸爸还说什么了？我敢保证你爸爸像我们这么大的时候，一定也喝酒了。说不定，他还抽烟了呢！"说着，大孩子从口袋里变戏法般掏出一包烟，居然还有打火机。在大孩子的亲自教授下，其他孩子也纷纷效仿，开始抽烟喝酒。只剩下小小没有妥协，小小很为难，和他们学，无疑是坏孩子，不和他们学，就会被他们笑话，说不定还会遭到排挤呢！无奈之下，小小只好也喝了一杯啤酒，还抽了一根烟。他被烟雾呛得咳嗽起来，眼泪都流出来了。

小小一回到家里，妈妈就闻到他身上有刺鼻的烟味。妈妈当即询问小小是否抽烟了，小小很慌张，不知道如何回答，细心的妈妈还发现小小走路的时候有些轻飘飘的，这才知道小小还喝酒了。妈妈气得训斥小小，还扬言要让爸爸狠狠揍小小一通。爸爸相对理智，等到小小恢复清醒之后，询问小小为何抽烟喝酒，才知道小小是跟别人学的。爸爸苦口婆心给小小讲述了近朱者赤、近墨者黑的道理，小小觉得爸爸说得很对，当即向爸爸保证以后会渐渐地疏远这些朋友，而且绝对不再沾染烟酒。

青春期孩子很喜欢和同龄人相处，因为他们在同龄人的群体里可以得到认同感。然而，正是因为这个原因，青春期孩子也很容易被同龄人误导，从而与同龄人学坏。为了避免这种情况发生，父母要耐心地告诉孩子一个道理：很多事情，并非大多数人去做就是对的，做人一定要坚持自己的原则和底线。当孩子懂得这个道理，就能够不受他人的影响，从而独立地思考问题，孩子就会更有主见，也不会盲目地从众。

父母需要注意的是，即使孩子的朋友并不十分优秀，甚至还沾染了一些恶习，也绝不要当着孩子的面否定他的朋友。否则，就会激发起孩子的逆反心理，导致孩子反而在父母面前维护朋友，而忽略朋友的缺点。任何时候，父母都要尊重孩子，也要真正平等对待孩子。尤其是在沟通的时候，父母一定要谨言慎行，避免伤害孩子敏感脆弱的心。此外，也不要指责孩子没有自己的思想和主见，更不要呵斥孩子没脑子，因为青春期孩子的特点就是喜欢和同龄人在一起，也因此而承受从众的压力。父母必须客观中肯地分析具体情况，劝说孩子，才能让对孩子的教育事半功倍。

帮助孩子建立金钱意识

很多父母会发现，孩子根本没有金钱意识，这到底是为什么呢？实际上，根源就出在父母身上。孩子不会一出生就认识钱，孩子最初建立金钱意识，完全需要父母的引导。反之，如果父母无偿为孩子提供一切，把孩子喜欢吃的、玩的，都买回家供着孩子，在日常生活中也不让孩子与钱打交道，那么孩子的金钱观念就会很薄弱，孩子的金钱意识也会很差。看到这里，也许很多父母会说，我们不和孩子谈钱，就是不想让孩子过度看重金钱，想让孩子出淤泥而不染。不得不说，这样的观点是完全错误的。父母把孩子照顾得再好，孩子也不可能一直不与金钱打交道。明智的父母知道，金钱虽然不是万能的，但是没有钱却是万万不能的。孩子要想在社会上更好地生存，必须学会与钱打交道，必须建立金钱意识，未来才能让自己立足，也才能有财商。

钱，是现代社会最重要的货币之一，在日常生活中，每个人都要与钱打交道，也要借助钱做很多事情。曾经有专门的调查机构针对孩子进行调查，发现很多孩子没有金钱意识，但是这绝不意味着孩子对于金钱没有需求，而是意味着孩子花起钱来毫无节制，也不懂得节省。还有些孩子会因为钱与父母产生冲突，也是因为他们没有金钱意识，不知道父母多么辛苦才能挣到钱，对金钱需求过高，从而引起亲子矛盾。

孩子与父母在金钱方面发生矛盾的原因大抵相同。大多数孩子都认为自己要花的钱是必须花的，是非花不可的，而父母则认为他们的消费没有意义，所以总是拒绝他们。针对孩子频繁要钱的现象，父母会说："我每个月都给孩子固定的零花钱，但是他们总是不够花，总是毫无限度地索要。真不知道他们把钱都花到哪里去了，真不知道他们为何不能体谅我们作为父母工作挣钱的苦楚！"还记得在一则新闻中看到，一个单亲妈妈辛辛苦苦抚养孩子长大，拼尽全力供孩子出国读书，后来实在无力满足孩子日益膨胀的金钱需求，孩子要钱无果，孩子居然买了飞机票，怒气冲天地从国外回到国内，在飞机场就接连捅了妈妈很多刀。是什么样的血海深仇，让孩子变得如此冷漠无情、充满仇恨，居然能对兴冲冲去接他回家的妈妈下手？不得不说，这样的孩子让人心寒，也让人忍不住反思家庭教育到底哪里出了问题。

可以想象，这个单亲妈妈是多么努力地为孩子提供她所能提供的最好条件，虽然孩子没有爸爸，但是在成长的过程中他必然没有为了衣食住行而担忧过，更没有为了没钱花而烦恼过。正是这样顺遂如意的生活，让孩子渐渐地在对物质和金钱的欲望中迷失自我。他不知道妈妈努力提供给他的每一分钱是如何辛苦挣来的，也不知道妈妈作为单亲妈妈有多么艰难，才把他养大成人。这也正应了那句话，父母的溺爱是对孩子最大的害。所谓慈母多败儿，随着内心的暴戾日盛，败儿不但不满足于败家，还对父母提出了更苛刻的金钱要求。

明智的父母会从小就培养孩子的金钱意识，让孩子知道一粥一饭当思来之不易，每一份钱同样得来艰难。父母也不要凡事都自己扛着，当觉得累的时候，当感到生活艰难的时候，不妨也把这一份辛苦告诉孩子，不为孩子能够帮助父母分担，只为孩子能够理解父母的辛苦和不容易。

此外，父母还需要注意的是，既然父母是孩子的第一任老师，也是孩子最好的榜样，那么也要注意不要总是当着孩子的面大手大脚地花钱。孩子总是会在无形之中学习父母的言行举止，因而一个挥金如土的父母无论多么努力，也无法教养出一个勤俭节约的孩子。在现实生活中，父母既要让孩子意识到金钱的重要作用，也要告诉孩子金钱不是万能的，也不是最重要的。当家庭遭遇经济危机的时候，父母还可以号召孩子也贡献出一份力量，这样孩子才对金钱有更直观的感受，也会知道统筹合理地安排金钱对于生活的重要性。

小叶向妈妈要100元钱，妈妈没有答应。小叶的理由如下："马上要初三毕业，我需要买一些纪念品送给同学，而且还要买一本精美的纪念册，让同学们在上面签名留言。"妈妈的理由如下："都是小屁孩，还搞这些事情做什么呢！你们自己又不能挣钱，花来花去，花的还不是父母的钱。"的确，妈妈说话也不是很客气。为此，小叶就追问妈妈："这样的话，把我从小到大的压岁钱都还给我吧，我自己攒着，不用你攒着了。"妈妈看到小叶居然敢和她翻旧账，简直被气昏头，说："好吧。你也把我辛苦养你这些年的钱都还给我吧，也不想想要不是我和爸爸给其他孩子压岁钱，那些亲戚朋友哪里有压岁钱给你啊！"就这样，小叶和妈妈的谈判陷入僵局，谁也不理谁。

眼看着毕业在即，小叶只好给在外地出差的爸爸打电话："爸爸，我想买纪念册，班级里同学都买了，互相签名留言。我还想买点儿礼物，送给玩得好的同学，他们也送我礼物了。"听到小叶这么说，爸爸当即表态："这个钱该花。你和妈妈说了吗？"小叶把自己和妈妈之间的战争告诉爸爸，爸爸对小叶说："小叶，妈妈的话也有道理，毕竟爸爸妈妈挣钱很辛苦。所以你不要和妈妈针尖对麦芒，而是把道理讲给妈妈听，也把你要买的东西给妈妈一个报价，好不好？"小叶觉得爸爸说得也有道理，便耐心地做了一个报价表，递交给妈妈批准。妈妈看到这么详细的报价表，忍不住笑起来，说："好吧，你需要85元。妈妈就给你100元，剩下的钱你可以请同学们吃冰棒。"

就这样，小叶得到了自己想要的钱，也与妈妈缓和了关系。其实，在这个事例中，小叶一开始和妈妈要钱时语气太过僵硬，而妈妈怒怼小叶的话，也让小叶难以接受。正因为如此，小叶才会与妈妈之间因为钱而闹僵。人们常说，提钱伤感情。的确，钱是个敏感的问题，不管是与陌生人之间，还是父母子女之间，都要处理好与金钱有关的问题，才能最大限度经营好感情。

对于渐渐长大的青春期孩子，他们一定会产生金钱需求。父母要尊重孩子，不要采取经济制裁的方式惩罚孩子。最好的方式是按照每周或者每个月的固定时间给孩子发放零花钱，这样孩子才有可以自由支配的金钱，也可以按照自己的规划去合理安排金钱的用途。如果孩子大手大脚，在拿到零花钱的第一时间就让自己再次变得身无分文，那么你一定要坚持原则，不再给他更多的零花钱。唯有如此，在再次到了领取零花钱的日子时，孩子才能合理规划，细水长流，而不会第一时间就把自己所有的钱都花掉。记住，没有人是天生的理财家，作为父母，一定要循序渐进帮助孩子形成正确的金钱观，也让孩子能够合理节制地安排金钱的用途，从而学会把每一分钱都用到刀刃上，让每一分钱都物尽其用。

不得不说的是，唯有给孩子空间，孩子才能健康成长，也积累更多的经验。所以在监督孩子合理安排金钱的过程中，在保证孩子健康消费的情况下，父母要管好自己的嘴巴，不要总是对孩子唠叨不休，更不要亦步亦趋地盯着孩子。每个人都是从不会到会，才能学会做更多的事情，提升自己的能力，孩子也是如此。也许孩子这个月的零花钱花得不对，他下个月就会反省自己，父母无须过度干扰孩子。记住，只要保证孩子健康消费，再适时地给孩子提出合理的建议即可。

父母不能羞于说出口的"性教育"

在传统思想的影响下，许多父母认为与孩子谈及性是难为情的事情，对于孩子的性教育，也多采取回避的态度，三缄其口，没有合适的方式与孩子沟通性教育的问题。古人云，食色，性也，意思就是告诉我们，饮食和繁衍后代的行为，都是正常的人性，没有什么不可面对的。当父母端正心态，就不会因为和孩子谈性而三缄其口，也能够以正确的态度面对性教育，从而及时给予孩子性的指引。

还有些父母认为学校里进行的性教育，足以为孩子成长所用。然而，当父母的作为孩子最亲近的人都不能坦然对孩子说起关于性的话题，难道还能寄希望于老师，让老师对孩子进行性教育吗？任何时候，父母都不要把孩子的性教育寄托给学校，因为绝大多数学校对孩子的性教育、生理卫生知识课，都以自学的方式让孩子进行。不得不说，父母、老师对性教育越是讳莫如深，越会激发起孩子的好奇心，让孩子对性教育怀着更强烈的欲望，迫不及待想去了解。

父母回避对孩子进行性教育，从本质上而言，这样的行为类似于掩耳盗铃。父母误以为只要不对孩子进行性教育，孩子对性的好奇和渴望就会推迟，孩子对于性的萌动也就不会发生，这是自欺欺人。现实情况是，不管父母是否对孩子进行性教育，孩子一旦进入青春期，身心都会处于快速发展之中，感情需求也会日渐强烈，无可避免地，他们对于异性越来越好奇，这种萌动和冲动，是孩子根本无法控制的。由此可见，不管父母采取怎样的态度应对孩子的成长，孩子都在遵循生命的节奏成长着，谁也无法改变孩子成长的规律。父母越是谈性色变，孩子越是对性感到好奇。若性教育在孩子的成长过程中缺失，最终承担严重后果的依然是孩子。因为对性的无知，近年来少女堕胎、当未婚妈妈的事件时有发生，甚至有些女孩才刚刚10岁出头，就因为不懂得保护自己而怀孕，使身心遭受严重的伤害。

一直以来，爸爸妈妈都非常小心，决不让小丽接触任何和性教育有关的知识，就这样，小丽在萌动中成长，压根不知道性是怎么回事。有一天，小丽哭着回到家里，告诉妈妈："妈妈，我要生小宝宝了。"这句话简直让妈妈魂飞魄散，赶紧追问小丽到底发生了什么。听完小丽的讲述，妈妈不由得啼笑皆非。原来，班级里有个男孩很喜欢小丽，在放学之后邀请小丽吃冰淇淋，还和小丽一起回家。经过家附近的一条小路上时，这个男孩情不自禁，居然趁着小丽不注意，亲了小丽的脸颊一下就跑开了。小丽一直认为男生和女生只要亲吻，就会怀孕，为此才会吓得惊慌失措，根本不知道如何应付。

如果不是因为被小丽说自己要怀孕吓到，妈妈一定会对小丽被男生亲吻这件事情感到愤怒。但是和怀孕相比，被亲一下脸颊也就显得没有那么不可接受了。为此，妈妈也能冷静下来思考：是时候对小丽进行性教育了，今天被稀里糊涂亲了一下，给我敲响了及时对小丽进行性教育的警钟，也算是好事情。

如何对已经亭亭玉立的女儿开展性教育呢？其实妈妈也没好办法。思来想去，妈妈决定先买一本关于青春期的书给小丽看，并且叮嘱小丽有看不懂的地方，就询问妈妈。小丽当即捧着书津津有味地看起来，偶尔还会发出恍然大悟的声音："哦，原来是这样啊！"就这样，小丽看得认真入神。妈妈问小丽："小丽，有不懂的地方吗？"小丽很羞涩地说："妈妈，原来亲一下不会怀孕啊！"于是，妈妈借此机会给小丽讲起性知识，还告诉小丽万一发生性行为，如何保护自己。最后，妈妈严肃地告诉小丽："小丽，在青春期，不管是男孩还是女孩的身体，都在从青涩走向成熟，所以必须保护好自己，因为只有拥有健康的身体，才能茁壮成长。孩子在青春期有性的冲动很正常，例如女孩会来月经，这是身体渐渐成熟的标志。不过，一定要控制好自己，因为此时你们还不够成熟，对于很多事情自以为了解，实际上却是懵懂无知。最美好的爱情是在对的年纪遇到对的人，就像含苞待放的花朵，也要等到最合适的季节绽放，明白吗？"小丽懵懂地点点头："妈妈，我还想看一些关于青春期的书，可以吗？"妈妈当然很乐意把教育小丽的重任交给书本。

进入青春期之后，面对身体上让人猝不及防的变化，很多孩子都会陷入焦虑之中，也会倍感烦恼。父母虽然对于性教育的问题感到羞于出口，但却还是要采取积极恰当的方式对孩子展开性启蒙，唯有如此，才能正确引导孩子，避免孩子在成长的过程中误入歧途，受到伤害。

当然，如今对孩子普及性教育的方式很多，有各种各样的书籍可以代替父母对孩子灌输性知识，因而父母可以引导孩子更加广闻博知，拓宽知识面，从而了解更多的生理知识和心理卫生知识，这对于孩子的成长有很大好处。此外，当孩子感到困惑，主动向父母提出关于性的问题时，父母千万不要欲语还休、遮遮掩掩，否则就会更加激发起孩子对于性的好奇。如果父母能够摆正心态，落落大方对孩子讲述关于性的知识，告诉孩子如何进行自我保护，孩子反而不会对性过分关注，也能够顺其自然接纳身心的一切变化。总而言之，孩子在青春期的健康快乐成长，离不开父母无微不至的照顾和全心全意的陪伴。

第 11 章

做好脾气的父母——不和叛逆期的孩子较劲

随着社会的不断发展,信息传递的速度越来越快,很多父母都发现,如今的孩子比起几十年前相同年纪的自己,不知道成熟了多少倍。这也是社会进步推动整个时代和所有人类都在进步的表现,孩子不仅身体发育得好,心理上也因为接触繁杂的信息,变得更为复杂和微妙。在这种情况下,如果作为父母再以从自己父母那里继承的教育孩子的经验来对待自己的孩子,毫无疑问是行不通的。尤其是当孩子处于青春叛逆期的时候,更要耐住性子,尊重和平等地对待孩子,才能避免较劲给孩子带来的严重伤害。

民主和谐，是孩子最好的成长环境

很多父母都非常努力地工作，辛苦地挣钱，只想给孩子建造一个良好的成长环境，让孩子健康快乐地长大。实际上，每个人对于金钱和物质的需求都是有限的，包括孩子在内，只要他们不被欲望裹挟，其实只需要很少的东西就能满足他们衣食住行的需要。相比起金钱和物质营造的环境，对于孩子而言，更大的幸运是拥有父母的理解，拥有民主和谐的家庭，也得到父母的尊重和理解，这样孩子才能身心健康地茁壮成长，也才能真正感受到快乐和满足。

从这个角度而言，父母不要再以自己小时候只盼望着能吃到糖果、吃到新鲜的水果为标准，去衡量现在的孩子。不得不说，现在即使在最贫穷的家庭里，孩子的吃穿用度也比几十年前的孩子好很多。为此，为了对孩子进行更好的教育，作为现代的父母，应该把对孩子的关注重心转移到孩子的精神世界和情绪情感方面。尤其是当孩子进入青春期，心生叛逆，父母更要收起权威的那一套，真正俯下身来倾听孩子的心声，也面面俱到为孩子营造民主和谐的家庭氛围，让孩子敢于表达自己，自然地表达情绪。

当然，要营造民主和谐的家庭氛围，父母首先要给孩子一个和睦的家。很多夫妻之间缺乏相处之道，总是不停地争吵，彼此攻击，导致孩子也受到影响，缺乏安全感。有人说，父亲对孩子最好的爱，就是爱孩子的母亲。的确如此，对于孩子而言，没有任何事情比出生在一个父母相爱的家庭里更加幸运。父母相爱，家庭氛围会温馨友爱，父母之间即使在产生分歧的时候，也能够避免争吵，以友好的方式达成共识。在父母相爱的家庭里，孩子才能够拥有安全感，这让他们的智商和情商都得以快速发展和大力提高。相反，假如夫妻之间总是吵架，还动辄把离婚挂在嘴边上，则无形中就会迁怒于孩子，把孩子当成出气筒，使得孩子精神上惶恐不安，感情上流离失所。有心理学家经过研究发现，若孩子长期生活在动荡不安的家庭环境中，可能会性格扭曲、悲观厌世。因而作为父母，无论能否给孩子提供丰厚的物质条件，都要先做到让家庭幸福美满，这样才能让孩子有安全感，也让孩子获得成长的空间和坚持向上的动力。

父母之间能够相处融洽，父母与子女才可能相处融洽。当父母彼此真心相爱、感情深厚，他们在与子女相处时才会更加宽容友善，也愿意倾听孩子的想法，尊重孩子的意见。曾经有医学家经过研究发现，当婴儿还在母亲的子宫里，如果母亲因为气愤而导致情绪冲动、心跳加快，则孩子也会心跳加快，出现严重的不适。曾经有一位怀胎10月的母亲在气愤之余想要选择自杀，结果腹中胎儿感受到母亲冲动的情绪，发生强烈的胎动，唤醒了母亲求生的意志。这也许是人们常说的母子连心，也许是因为母亲的情绪波动过大，让胎儿感到难受。但是无论如何，都意味着胎儿在子宫里时，就已经能够通过母亲的情绪波动感受到家庭气氛。等到出生之后，孩子更是每时每刻都在与父母进行交流和互动，更容易受到家庭气氛的影响。

有人说父母是孩子的第一任老师，也有人说孩子是父母的镜子。这两句话都很有道理。父母的言行举止无形中就在影响着孩子，而孩子的言行举止都是父母的投射。孩子从呱呱坠地开始，就与父母亲密接触与互动，在进入幼儿园学习之前，孩子主要在家庭里生活，接触最多的人就是父母。如果能与父母友好相处，孩子才能顺利地走入社会，与更多的人友好相处与互动。由此可见，父母为孩子营造良好的家庭氛围，让孩子在民主和谐的气氛中勇敢地表达自己，是非常重要的。

遗憾的是，在传统的家庭教育模式下，很多父母都喜欢对孩子搞"一言堂"，他们总是强求孩子，要求孩子必须按照他们的想法和做法去做。殊不知，现代的孩子都有主见，也有强烈的自主意识，他们往往不愿意被父母指挥。既然如此，父母就要改变思路，调整教育模式，从而与孩子在尊重与平等的气氛中，友好互动和沟通，这不但有利于增进亲子感情，也有利于帮助孩子养成良好的人际交往习惯，为孩子未来顺利地融入社会、融洽地与他人相处奠定基础。

适时对孩子放手

在过去几十年的时间里，国家一直在推行独生子女政策，使得很多家庭都只有一个孩子。从每个家庭四五个孩子，甚至七八个孩子，到每个家庭只有一个孩子，父母对孩子的关注度明显提高，几乎家家户户都把孩子当成命根子。在这种情况下，不仅爸爸妈妈特别关注孩子，爷爷奶奶和姥姥姥爷也会把对孩子的照顾放在第一位。这使得孩子从小习惯了衣来伸手、饭来张口，根本不愿意亲力亲为做任何事情。等到孩子渐渐长大，父母渐渐老了，却又抱怨孩子不懂事，从来不理解父母的辛苦，而且对父母太冷漠，不知道主动关心父母。父母在孩子长大前后这两种截然相反的表现，让孩子也非常困惑：为何父母以前什么都不让我做，现在却什么都让我做呢？其实，不仅孩子有这样的困惑，作为旁观者，也是感到很疑惑的。

作为父母，要想养育出具有独立生存能力、知道感恩和报恩的孩子，就不要在孩子小的时候对孩子各种包容和溺爱。要知道，溺爱是对孩子最大的伤害，当父母总是溺爱孩子，孩子长大之后必然不懂得感恩，更不会对父母有责任感。所以父母要想让孩子成才，能够作为家庭的顶梁柱支撑起一片天，就要从小培养孩子独立自主的能力，也要适时地让孩子做更多的事情，承担更多的责任，孩子才会对家庭生活有参与感，也因为亲身体验而更加体谅父母的辛苦。

每一位父母都要注重培养孩子的责任心，不仅仅是为了让孩子孝顺父母，也是为了让孩子长大之后更好地立足于社会。一个没有责任心的人，在面对很多事情时都会情不自禁地退缩，甚至会推卸责任，不得不说，这样的人既无法生活得充实，也无法在工作上有杰出的表现，更不可能拥有充实幸福的人生。

从这个角度而言，作为父母，当抱怨孩子是小公主、小皇帝的时候，不妨扪心自问：是谁让孩子变成这个样子的？只有父母不溺爱、有责任、有担当的孩子，才能拥有更美好的人生。要想做到这一点，父母就要学会对孩子放手，学会让孩子独自去承担他能承担的一切。

自从搬家之后，乐乐上学就远了，为此，爸爸每天都开着车上下班，也顺道接送乐乐上下学。原本，爸爸上班9点到岗即可，然而，乐乐上学却要求7点半到校，为此，本可以7点半起床的爸爸，不得不每天6点就起床，6点半准时带着乐乐从家里出发。一开始，乐乐因为起得早每天都气鼓鼓的，爸爸几次对乐乐说："别生气，你起得早是为了上学，我起得早可纯粹是为了送你上学。那些没有车的上班族，还有一些孩子，都要早早起床坐公交车上班上学，更加辛苦。"乐乐一开始还不乐意爸爸这么说，直到有一天爸爸因为临时要开会不能来接乐乐放学，乐乐不得不自己坐公交车换乘地铁，再坐公交车回家，才知道爸爸所说的辛苦是什么意思。

那天放学，乐乐走出校门的时候大概3点半。他当即坐着公交车去地铁站。然而，第一趟公交车上的人太多了，乐乐没有上去，只好继续等了10分钟，才等来第二趟公交车。好不容易到了地铁上，地铁上的人也是密密麻麻的，简直连站立的地方都没有。乐乐找到一个角落，随着车厢的晃动，他都快睡着了。因为担心坐过站，他必须盯着指示牌。看到即将到站，他换到门口。下了这趟地铁，乐乐经过通道，到达下一趟地铁。大概一个小时，乐乐才下了地铁，到达换乘的公交车站。又是漫长的等待，回到家时，距离乐乐走出校门已经两个小时了，乐乐浑身大汗，疲惫不堪，恨不得第一时间就冲澡，躺在床上。静下心来，乐乐暗暗想道：难怪爸爸说我享福呢，看来每天搭乘公交车的确很辛苦。

一个孩子如果从没有吃过苦，就不会知道什么是甜；一个人如果从来不曾遭受挫折，对于顺境也会充满抱怨。在养育孩子的过程中，父母可以不让孩子吃很多甜，但是一定要找机会让孩子多吃苦，唯有如此孩子才会体谅父母的艰难，也才会对自己现在所拥有的一切心怀感激。要想做到这一点，父母就要对孩子放手，而不要把每件事情都提前为孩子做好。

在进行家庭中的很多决策时，父母也要给孩子发表意见的机会，并且慎重考虑孩子提出的合理化建议。也许孩子一开始无法做出明智理性的选择，但是随着时间的流逝，随着尝试的次数越来越多，孩子必将不断成长，能力持续增强。也许在不经意的时候，父母就会惊喜地发现，孩子已经长大了，在某些情况下已经可以独当一面了。作为父母，此刻一定是欣慰的，也会为自己的坚持而庆幸。

孩子有权利知道很多事情

回想小时候，每当爸爸妈妈神秘地说些什么，你是不是恨不得找出一对顺风耳，能把爸爸妈妈所说的话全都听到耳朵里？当你实在忍不住询问爸爸妈妈在说什么时，爸爸妈妈是不是不耐烦地对你说"大人的事情，小孩别管"？没错，很多父母都是这样的，他们不知道是为了避免孩子担心，还是根本对孩子不屑一顾，总是这样对孩子呼来喝去，目的就是让孩子闭嘴，对于他们所说的话充耳不闻。

从心理学的角度来看，这其实是父母发自内心地小瞧孩子，没有把孩子当成家庭的一员，也就顺道剥夺了孩子的知情权。什么叫作知情权？知情权指的是一个人有权利知道某件或者某些事情。如果父母真心认为孩子是家庭中不可或缺的一员，也愿意尊重孩子的意见和看法，他们就不会总是喝令孩子别插嘴。相反，就算孩子不问，父母也会主动询问孩子对某件事情的看法。这样不但能够提升孩子对于家庭生活的参与度，而且有助于增强孩子分析和解决问题的能力。看到这里，有的父母可能会说"孩子除了添乱，还能做什么"。没错，在第一次参与家庭事务时，孩子很有可能只会添乱，因为他们缺乏人生经验，逻辑思维能力也不够强，根本没有可能给出父母理性的建议。但是，随着参与家庭事务的次数越来越多，孩子不断得到学习的机会，也就渐渐地成长和成熟起来。甚至有一天，孩子的分析还会头头是道，让父母刮目相看呢！

最近，爸爸妈妈考虑离婚，但是想到小艾即将中考，所以他们就把这件事情向小艾隐瞒了。爸爸妈妈依然生活在一起，住在一个房间里，只不过妈妈睡在床上，爸爸睡在地上。就这样过了两个月，直到小艾中考结束，妈妈才对小艾说出实情，并且告诉小艾："小艾，妈妈离婚之后不准备再组建新的家庭，所以你就跟着妈妈生活，不会受到任何委屈。"小艾冰雪聪明，当即问妈妈："那么爸爸呢？是不是已经有了新欢？"听到小艾醋意浓重地这么问，妈妈对小艾说："爸爸也没有新欢，但是爸爸应该还会组建新的家庭，而且爸爸也同意你和妈妈一起生活。"小艾突然间大哭起来，说："你们是骗子，都是骗子。你们离婚通知我了吗？我同意了吗？我谁也不跟，我自己浪迹天涯。"说完，小艾就冲动地跑出家门。妈妈赶紧追了出去，却没有看到小艾。

原本，妈妈以为小艾一时无法接受，等到情绪平静些就会自己回家，没想到夜已经很深了，小艾还是没有回来，而且电话也打不通了。妈妈这才慌了神，赶紧给从家里搬出去的爸爸打电话。爸爸和妈妈彻夜不眠地寻找小艾，一大清早又发动亲戚朋友帮忙寻找，但小艾还是杳无音讯。小艾失踪24小时，崩溃的妈妈和爸爸一起去派出所报警，派出所在调看监控录像之后，发现小艾上了一辆开往郊区的公交车。妈妈突然想到，小艾应该是去郊区的姥姥家了。为此，急昏了头的妈妈赶紧给姥姥打电话，姥姥告诉妈妈："小艾是来我这里了，昨天天很晚了才到的。她说考试没考好，来散散心,说你们知道的啊,我还纳闷你们怎么没送小艾过来呢!"妈妈和爸爸第一时间赶到姥姥家里,但是小艾却把自己锁在房间里,不愿意面对他们。

很多父母在孩子即将考试的时候,都会把发生的事情对孩子隐瞒。殊不知,对于年幼的孩子而言,这样的隐瞒也许不会导致他们愤怒,但是对于大一些的孩子而言,这样的隐瞒甚至比事情本身带来的伤害更大。这是因为孩子觉得自己被忽略,也没有得到应有的尊重,还会觉得父母是在故意鄙视他们。强烈的自尊,以及知情权被剥夺,让他们陷入出离的愤怒之中,还有可能因为怒火中烧而殃及无辜。对于有能力理解和承受的孩子,父母与其用隐瞒加重对孩子的伤害,不如主动告知孩子一切,这样既表达了对孩子的尊重,也让孩子经过思考更容易接受无法改变的结果。

再小的孩子也是家庭的一分子,当他们还没有能力表达自己的意见时,父母要尽可能多地为孩子考虑。当孩子不断地成长,自我意识渐渐觉醒,也拥有自己的主见时,父母就要积极地询问孩子的意见,参考孩子的意见。作为家庭成员之一,孩子在家庭生活中的地位和父母是完全平等的,所以父母不要以孩子还小为由,忽略孩子,更不要觉得孩子的意见不够成熟,就索性完全不征询孩子的意见。的确,孩子能力有限,当家庭生活面临困境,孩子因为能力的限制往往无法给出父母切实有效的帮助。但是,孩子观察问题的视角和父母不同,而且,孩子会以自己的思路进行深入的思考。无论他们思考的结果最终是否有助于父母战胜困难、解决问题,他们在此过程中都会积极地调动思维、开动脑筋,从而提升了自己的能力。

当家庭生活中的某个问题与孩子密切相关时，父母更应该有意识地参考孩子的意见。例如家里要乔迁新居，要决定孩子将来住在哪个卧室，要决定孩子的卧室如何装修。再如，孩子即将上初中，要决定在哪一所初中就读，是考虑离家近，还是考虑学校的口碑和排名。当父母因为这些问题而犹豫时，孩子会给出自己的选择。当然，在孩子选择的过程中，父母还要提醒孩子为自己的决定负责，从而让孩子一旦做出决定就无怨无悔，绝不更改，也勇敢地承担决定的后果。

父母千万不要试图对孩子的人生一手遮天，而是要尊重孩子的知情权，把家里的很多事情主动告知孩子，尤其是事关孩子的事情，更要给予孩子自主选择的权利。唯有如此，父母与孩子才能更加平等相处，孩子得到父母的尊重，也才更愿意采纳父母的意见。在这样民主和谐的家庭氛围中，孩子会越来越有主见，他们的思维能力、抉择能力都不断增强，最终成长为让父母刮目相看的人生强者。

言传身教，给孩子树立好榜样

常言道，父母是孩子的第一任老师，也有人说，好妈妈胜过好老师。其实，不管怎么表述，道理都是相通的，那就是父母的言传身教，是对孩子开展启蒙教育和家庭教育的最好方式，所以作为父母一定要为孩子树立好榜样，才能卓有成效地教育孩子，也让家庭教育事半功倍。

孩子的模仿能力是很强的，又朝夕与父母生活在一起，因而父母的一言一行都会无形中影响孩子，孩子也会潜移默化地学习和模仿父母。正因为如此，古人才说，染于苍则苍，染于黄则黄。由此可见，刚出生的孩子就像一张白纸，完全是父母在为孩子着色。孩子的学习能力很强，从一出生孩子就在进行各种学习。正因为如此，孩子才会在一年的时间里学会说话，学会走路，学会吃饭……学会做各种各样的事情。也可以说，孩子每时每刻都在学习，或者是主动地学习，或者是被动地学习，或者是有意识地模仿，或者是无意识地参考。可想而知，孩子在3岁之前与家人接触的机会最多，接触的时间最长，因而孩子的性格养成受到家庭教育很大的影响。作为家庭教育的实施者，父母一定要慎重对待孩子，给孩子树立积极的榜样，而不要为了一时放纵自己，就对孩子的教育不管不顾。

中央电视台有一个公益广告是非常暖心的。屏幕上，一位非常年轻的妈妈先是给年幼的孩子洗脚，边洗脚还边给孩子讲故事，逗得孩子哈哈大笑。孩子洗完脚之后，就去一边玩玩具，这个时候，他发现妈妈正端着水去给姥姥洗脚呢。姥姥心疼女儿，摩挲着女儿的头，对女儿说："孩子，你工作一天很累，快去休息吧！"妈妈笑着说："没关系，妈妈，我喜欢帮你洗脚。"

站在门口的孩子看到这一幕，居然悄悄地走出去。妈妈给姥姥洗脚之后，去小房间里查看孩子的情况，没有看到孩子，一回头，却发现孩子正跟跄着端着一盆水朝她走来。看到妈妈，孩子说："妈妈，洗脚。"

这个公益广告的场景非常温馨，也告诉我们一个深刻的道理：父母是孩子最好的老师。尊老爱幼是中华民族的传统美德，遗憾的是，很多年轻人只顾着疼爱自己的孩子，却完全忘记了"养儿方知父母恩"这句话，也根本想不到在自己小时候，父母是如何把自己抚养长大的。作为父母，每个人都有爱孩子的本能，作为孩子，我们同样要"乌鸦反哺，小羊跪乳"，哪怕拿出父母对待我们的十分之一的爱去对待父母，父母也会知足的。

处于青春叛逆期的孩子更会无形中受到榜样的影响，从而调整自己的言行举止。从这个角度来看，父母作为孩子出生之后最先接触的人，不管自身原本是怎样的人，都要调整自己，让自己的言行举止都更完善，从而给予孩子积极的影响。

心理专家曾经发现，很多孩子身上出现的情绪问题，都能从原生家庭中找到根本的原因。甚至有些孩子因为在原生家庭的生活中受到伤害，即使在长大成人之后，也依然受到很多心理问题的困扰。教育家卡尔曾经说过，作为父母必须自信，才能让孩子自信，必须幸福，才能让孩子幸福。同样的道理，当父母严格要求自己，所谓强将手下无弱兵，孩子也往往很强大。如果父母先松懈了，如何还能辅助孩子严格要求自己呢？所谓严于律己，宽以待人，用在父母对待子女方面，就是严于律己，严于待人，从而把孩子教养得更加优秀、出类拔萃。

多陪伴孩子，不要忽略孩子的成长

现代社会，生活节奏越来越快，工作压力越来越大，所以很多人都过着疲于奔命的生活，一面要应付繁重的工作，一面还要抽出时间兼顾家庭、照顾孩子。不得不说，这样的生活的确是压力山大的。为了给孩子更好的生活条件，很多父母还会把孩子交给老人照顾，自己则努力挣钱。他们误以为孩子只要有丰厚的物质条件，只要有老人无微不至的照顾，就能生活得很好，其实这是完全错误的。无数现实告诉我们，孩子也许只需要少量的物质就能满足吃喝拉撒、衣食住行的需求，但是却需要父母更多的陪伴，才能在精神上强大，在感情上富足。如果孩子从小就跟随爷爷奶奶生活，非但没有安全感，还与父母之间感情淡漠，甚至在处理人际关系的时候也会面临很多困境。

不得不说，和几十年前相比，现在整个社会的经济条件都有所提升，每个家庭的生活水平也越来越高。很多孩子住在宽敞的房子里，享受着无微不至的照顾，过着衣食无忧的生活，但是他们并不开心，也不快乐。每天早晨，他们早早地就起床，被保姆送到学校里去，或者由急急忙忙赶去上班的父母硬塞到学校里。晚上放学之后，他们被托管班的老师接走，与其他父母照顾不到的孩子一起写作业、吃饭，直到晚上七八点，才能被父母接回家。回家之后，孩子尽管作业已经完成，很想和父母亲近，但是父母还没有吃饭。等到父母手忙脚乱地做饭、吃饭、洗漱之后，已经到了深夜，孩子早已经困得睁不开眼睛，迫不及待地想要睡觉了。即使好不容易盼到周末，父母也不能抽出更多的时间陪伴孩子。他们之中至少有一个人要加班，有的时候甚至两个人都要加班。为此，他们把孩子送到老人家里，由老人带着过周末。更有些孩子长期跟着老人生活，甚至都不记得自己的爸爸妈妈长什么样子了。

杨浩从出生开始就跟着爷爷奶奶生活，她的妈妈只留在家里照顾她一年，此后就和爸爸一起出去打工，有的时候，一两年都不回家一次。所以在小时候，杨浩根本不认识妈妈，因为她对于妈妈没有任何记忆，也不知道妈妈意味着什么。直到五六岁之后，杨浩发现其他孩子都有妈妈，而且妈妈比奶奶对孩子更好，她就开始哭着找妈妈，也才开始依恋妈妈。然而，妈妈依然行色匆匆，总是对杨浩说："孩子，我和爸爸辛苦挣钱都是为了你啊。"后来，在杨浩7岁的时候，妈妈生下了弟弟豪杰。那一年是杨浩成长过程中最幸福的一年，因为妈妈要留在家里照顾豪杰，所以杨浩每天都可以看到妈妈。然而，等到豪杰1岁断奶，妈妈又恢复了以前的生活，一两年都不回家。

转眼之间，杨浩16岁，上高一了。有一天，杨浩在学校里和一个女同学发生激烈的争吵。那个女生辱骂杨浩："你可真是有人生没人养啊，所以才会这么没教养。"杨浩疯了一般和这个女同学扭打在一起，被老师分开之后，她回到家中躲在房间里，怎么也不愿意上学。无奈之下，奶奶只好通知妈妈。妈妈打电话给杨浩，想开导杨浩，杨浩冷冰冰地问妈妈："你到底能不能回家来带我们？"妈妈为难地说："没有钱，怎么活？只靠着爸爸一个人，累死也挣不到钱。杨浩，你能不能不要这么冷淡？"杨浩反问妈妈："从小到大，你给我过温暖吗？凭什么要求我不要这么冷淡呢？你总是说钱钱钱，钱是永远挣不完的，你永远也回不来。"就这样，母女之间的交谈不欢而散，妈妈没有回来，杨浩很快辍学了。

正如杨浩所说的，钱是永远挣不完的。作为父母，如果除了钱之外不能给孩子任何东西，那么就不是合格的父母。看着冷漠的女儿，如果妈妈有思想懂教育，她就会知道自己因为挣钱失去了多么珍贵的东西。遗憾的是，很多父母不懂得孩子的心理，一心只想挣钱，这也是导致如今留守儿童问题频现的原因。

工作的目的是什么？很多在职场上打拼的人弄不清楚这个问题，但是作为父母，必须把这个问题想清楚，才能妥善地处理工作与生活之间的关系。很多父母打着一切为了孩子的旗号拼命工作、努力挣钱，却完全缺席孩子的成长，导致孩子问题频现。每当这时，哪怕父母再怎么懊悔，也不能让孩子的成长重新来过，就算有再多的钱，也无法挽回孩子在人生中造成的恶劣局面。

作为父母，要知道工作的目的是更好地生活，赚钱的目的是有助于孩子成长。假如因为工作而彻底毁掉生活，因为赚钱而完全忽略孩子的成长，使孩子在歧途上越走越远，这就是本末倒置，这就是舍本逐末。

作为父母，不管再忙，都请给孩子留出时间，尽量多多陪伴孩子。孩子的成长是一个不可逆转的过程，一旦错过，再也无法追回。作为父母，必须知道每个孩子都是从天堂来到人间的天使，虽然有缺点，也是可爱的缺点。面对不尽如人意的孩子，父母必须用爱去浇灌他们，用心去陪伴他们，才能让他们健康快乐地成长。

一声"对不起"，就可以打开孩子的心结

面对正处于青春叛逆期的孩子，很多父母感到心虚，也感到胆怯，这是因为他们不知道如何与孩子沟通，更不知道怎样才能打开孩子的心结，让孩子对他们敞开心扉。通常情况下，父母面对情绪变幻莫测的青春期孩子，总想知道孩子的心里在想些什么，因而想方设法以各种方式了解孩子，窥探孩子的内心。殊不知，这些极端的方式只会导致孩子故意反抗，甚至把自己完全放到父母的对立面。当发现自己不想被父母知道的事情暴露了，他们还会如同防范"病毒"那样对父母严防死守，导致与父母的关

系日益恶化。

除了窥探之外，父母的权威也是孩子非常反感的，尤其是叛逆期的孩子，面对父母绝不低头的权威，往往感到无奈而又绝望。实际上，很多父母错误地认为自己必须在孩子面前保持威严，因而拒绝向孩子承认错误，拒绝对孩子低头，却不知道这么做只会让自己与孩子之间的距离越来越遥远，也会导致孩子与父母故意针锋相对。明智的父母不会不计后果地维护自己的权威，而是会在意识到自身错误的情况下，对孩子道歉。不可否认，很少有父母这么做，当父母真的这么去做，就会发现结果让人震惊。得到父母一句"对不起"的孩子，一切的掩饰和盔甲都马上消融，他们很愿意与父母友好相处，也愿意向父母敞开心扉吐露心声。

也许有的父母会感到怀疑：一句"对不起"真的有这么强大的作用吗？没错。对于孩子而言，父母的"对不起"如此珍贵，会让他们用假装坚强掩饰的一切委屈都瞬间倾泻出来。遗憾的是，一家研究机构的调查结果显示，有至少一半的孩子在成长过程中因为犯错而向父母道歉，但是却只有大概15%的父母，能够在确定自己错了的情况下向孩子道歉。归根结底，这还是传统的封建家长制思想在作怪，很多父母都觉得自己作为父母要有权威，因而绝不愿意轻易向孩子低头。实际上，父母爱孩子的方式有很多种，其中最重要的一种就是敢于向孩子承认错误，表达歉意。否则，孩子明知道父母是错的，也知道父母知道自己是错的，就是得不到父母的道歉，这种情况下，孩子不但会怨恨父母，而且自己也会受到父母潜移默化的影响，不能勇敢地承认错误，承担责任。

有一天，妈妈才回到家里，就看到乐乐的房间里乱七八糟的，看上去就像是刚刚经历了一场浩劫一样。看到这样的情形，妈妈当即劈头盖脸地数落乐乐："乐乐，你都多大了，还把这么好的房间住得如同猪窝一样。你看看，你的地上都是些什么乱七八糟的。我警告你啊，10分钟之内如果不收拾干净，我马上把所有东西都扔进垃圾桶里，你想找也找不到。"

乐乐一脸惊愕地看着妈妈，眼睛里都是泪水，他对妈妈说："妈妈，地上的东西本来就是不要的，只不过我还没来得及把它们丢进垃圾桶而已。我正在收拾我的房间呢，因为一个学期下来，堆积了很多杂物，所以我要把房间整理得干净一些。"妈妈不禁愕然，原本邋里邋遢的乐乐什么时候变得这么爱干净，还主动收拾房间了呢？妈妈有些羞愧地看着乐乐，良久才说："对不起，妈妈误解你了。"原本含在乐乐眼中的泪水一下子流淌出来，乐乐委屈地说："没关系，妈妈，我知道你也不是故意的。"妈妈看到乐乐的反应有些蒙了："乐乐，我没有说对不起你还没事呢，怎么我一说对不起，你反而哭起来了。"

妈妈不知道，父母的道歉对孩子弥足珍贵，尤其是当孩子已经习惯被父母委屈和误解的时候，当父母真诚地向孩子道歉，孩子会感受到父母是尊重自己的，也能做到平等对待自己，所以在这种情况下，孩子流出了感动的泪水、喜悦的泪水。作为父母，当发现自己错怪孩子的时候，一定要第一时间就向孩子道歉；当父母没有兑现自己对孩子的诺言时，也要第一时间向孩子承认错误，并且及时做出解决方案，弥补过错。需要注意的是，不管父母因何原因而对孩子食言，都不要过多解释，因为孩子最想得到父母兑现承诺的结果。尤其是孩子对于父母的承诺非常重视的时候，往往会因为毫无意义的解释而陷入愤怒之中，甚至对父母失去信任。此外，父母再爱孩子，在与孩子朝夕相处的过程中，也会无意中伤害孩子。尤其是很多父母在照顾家庭的同时，还要兼顾工作，就更容易因为压力大而对孩子不耐烦。所以父母一定要控制好自身的情绪，这样才能最大限度激发出对孩子的爱，也本着对孩子负责的态度，用心地与孩子沟通，实现与孩子的友好相处。

记得在倪萍主持的《等着你》栏目中，一个儿子因为父母对自己的管教太过严格，也因为父母从来不尊重自己，而在大学毕业后选择离家出走，从此之后彻底断了与父母的联系，再也不与父母有任何瓜葛。转眼20年过去，父母已经白发苍苍，走到人生暮年，很希望孩子能够回到他们身边，但是已经40多岁的孩子却坚决不愿意见到父母。针对这一期节目，观众朋友进行了热议，有人认为孩子很可怜，从小在压抑的环境中长大；有人认为父母很可怜，辛辛苦苦把孩子供养到读完大学，孩子就绝情地离开。实际上，追究这件事情谁对谁错已经没有意义，或者父母对待孩子的方式太过粗暴，那是因为父母也有可能在小时候得到自己父母同样的对待；或者孩子对于父母的粗暴教育心中留有阴影，也因此不愿意与父母继续未尽的缘分。如果说父母还欠孩子一个道歉，也许会有人马上反驳：父母辛苦生养了孩子，培养孩子读完大学，怎么会欠孩子道歉呢？都是孩子欠着父母的！不管孩子是否欠着父母的，父母粗暴的教育方式给孩子心中留下阴影，父母也欠孩子一个道歉。

很多人误以为父母与子女之间，永远是子女欠着父母的，殊不知，当父母对孩子爱的方式不恰当，就会给孩子造成恶劣的伤害，甚至对于孩子的一生都有严重的影响。要想让孩子释然，父母何尝不能真诚地对孩子说一声"对不起"呢？一声"对不起"，也许就能解开孩子的心结，让孩子与父母之间尽释前嫌。一声"对不起"，也许就能让孩子不再记恨父母，一家人其乐融融。当然，这里不是说父母要无限度满足孩子，说"对不起"，一定要在父母真心认为自己错了的情况下。作为父母，也不要总是以为自己就是权威，因而对孩子的一切心声和呼唤都抛之脑后。唯有真正尊重孩子，真正做到平等对待孩子，父母才能与孩子搞好关系，也才能与孩子和谐融洽相处。

参考文献

[1] 吴海溪.10~16岁叛逆期,千万别和青春期的孩子较劲[M].北京:朝华出版社,2010.

[2] 李少聪.妈妈不生气,孩子更争气[M].北京:中华工商联合出版社,2014.

[3] 杜帅.正向管教:如何管好叛逆的孩子[M].北京:中国友谊出版公司,2018.